Georg Schwedt

BONN am Rhein
im Spiegel des Kupferstechers Merian

Reisen in die Geschichte der Stadt

INHALT

Vorwort **5**

1646 – Spurensuche mit Matthäus MERIAN **7**

1. Der Text zu Merians Kupferstichen **9**
2. Aus der Geschichte der Stadt bis zum Ende des 17. Jahrhunderts **15**
3. Der Alte Zoll **18**
4. Die Gertrudis-Kapelle **21**
5. Die Tore der Stadtbefestigung **23**
6. Die *Hoffhaltung* – der Vorgängerbau des Schlosses **35**
7. Das Münster, St. Gangolf und St. Martin **38**
8. Der Marktplatz, das historische Gasthaus „*Em Höttche*" und die Kirchen in der Brüder- und Remigiusgasse **46**
9. Die Dietkirche und das Johanniskreuz **48**
10. Höfe in der Stadt Bonn **56**
11. Hospitäler **61**
12. Die Brunnen der Stadt **62**
13. Die Windmühle im Merian-Stich **65**
14. Die Godesburg **67**

Literatur **72**

Herstellung und Verlag:
BoD - Books on Demand, Norderstedt
ISBN 978-3-7412-3813-0

Vorwort

In der Grafschaft Schaumburg aufgewachsen, in Städten studiert und gewohnt, die alle vom Kupferstecher Matthäus Merian in seinen Topographien im 17. Jahrhundert in Städteansichten dargestellt worden sind, wurde ich von diesen *Topographien* stets auch zu *Reisen in die Vergangenheit* angeregt.

Auch wenn ich nicht Historiker (oder Germanist) sondern Chemiker geworden bin, haben doch meine Lehrer in den Fächern Deutsch, Geschichte und Kunst(geschichte) dazu beigetragen, dass ich mich über mein Fachgebiet hinaus auch für die Kultur und Geschichte interessiert und damit auch intensiver beschäftigt habe.
Im Druck erschienen sind meine Recherchen über meinen Geburtsort *Hessisch Oldendorf* an der Weser, das *Stättlein* Seesen am Harz und die ehemalige Universitätsstadt und meine Schulstadt *Rinteln* sowie auch die *Rattenfängerstadt Hameln* an der Weser.

Als Pensionär nun in Bonn wohnend, habe ich mich wiederum auf eine Spurensuche anhand sowohl der Städteansicht als auch vor allem des Grundrisses von Bonn aus dem Jahr 1646 begeben, die beide in einer Merian-Topographie erschienen sind.
Ich habe mich zur Abfassung der folgenden Texte mit einer Auswahl an Literatur sowohl aus dem Stadtarchiv und Stadthistorischen Bibliothek als auch aus der Bibliothek der Abteilung für Rheinische Landesgeschichte im Institut für Geschichtswissenschaft beschäftigt.
Ausschnitte aus den MERIAN-Stichen mit Bezug auf zahlreiche Namen von Straßen und Plätzen sowie Gebäuden, die noch heute Zeugnis ablegen von der Zeit bis zum Ende des 17. Jahrhunderts, bilden die Grundlage der einzelnen Kapitel.
Viele der detaillierten Angaben stammen aus dem Werk von *Edith Ennen* (1907-1999), die ab 1947 den Wiederaufbau des Bonner Stadtarchivs leitete und nach einer Professur in Saarbrücken 1968 als erste Frau auf einen Lehrstuhl der Philosophischen Fakultät der Universität Bonn berufen wurde und die Leitung des Instituts für geschichtliche Landeskunde der Rheinlande übernahm.

1646 – Spurensuche mit Metthäus MERIAN
Umzeichnung des Merian-Planes der Stadt Bonn von 1646
nach Edith *Ennes* (1962)

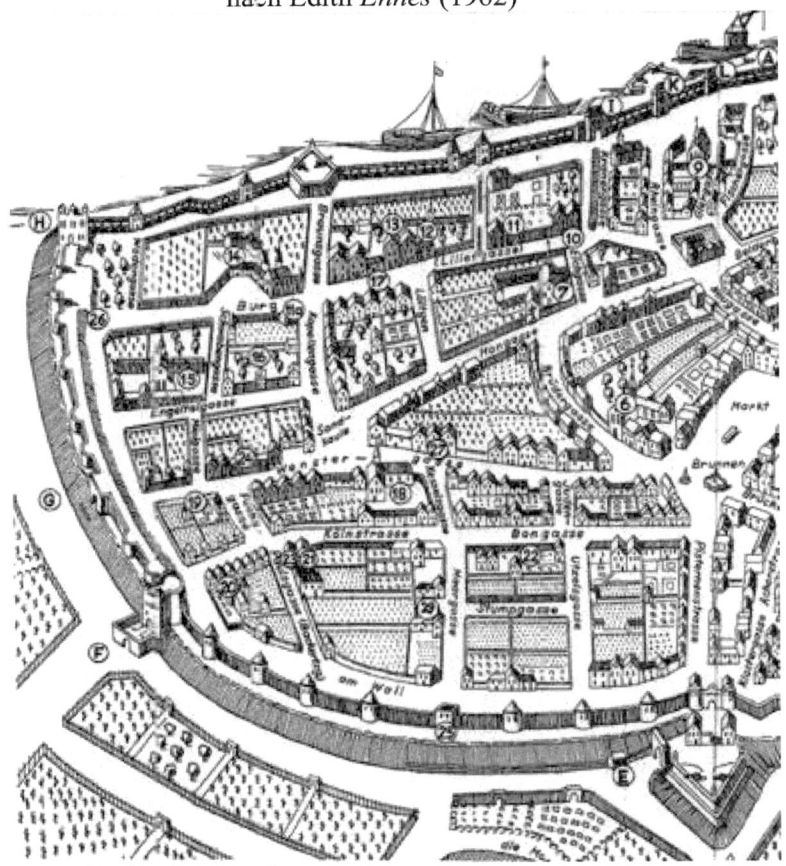

NördlicherTeil des Gesamtplanes
Von links gegen den Uhrzeiger: L Kranentor, K Gierpforte, I Rheinpforte,
H Neuer Turm, G Wenzeltor, F Kölntor, E Sterntor
Von Edith *Ennen* ergänzt:
6 Minoriten, 7 Kapuziner, 9 Gertrudiskapelle, 10 Haus „Zum Sack", 11
Kölner Klarenhof, 11a Neußer Klarenhof, 12 Hof der Kartause bei Trier,
13 Predigerhof der Kölner Dominikaner, 14 Heisterbacherhof, 15 Kloster
Engeltal, 16 Deutschherrenhof, 17 Haus zum Wasserfaß, 18 Kapuzinessen,

19 Blankartzhof, 20 St. Paul, 21 Schallerhof, 22 Gudenauerhof, 23 Wollküche, 24 Ludolphskonvent (Beginen), 25 Maarturm, 26 Friesenpforte, 29 Maarhof

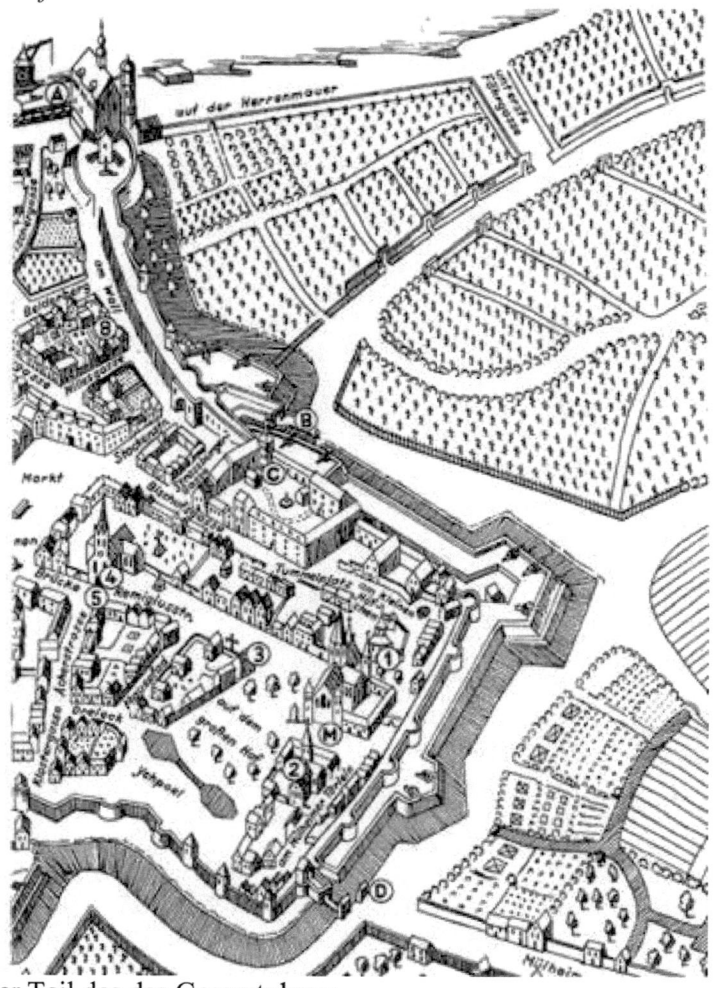

Südlicher Teil des des Gesamtplanes
A Der Alte Zoll, B Stockentor, C *Die Hoffhaltung*, D Mülheimer Tor, M *Die Thumb* (Münster)
Von Edith *Ennen* ergänzt: *1 St. Martin, 2 St. Gangolf, 3 Aegidiushospital, 4 St. Remigius, 5 Heilig-Geist-Spital, 8 Kartäuser Hof (Kölner Kartause)*

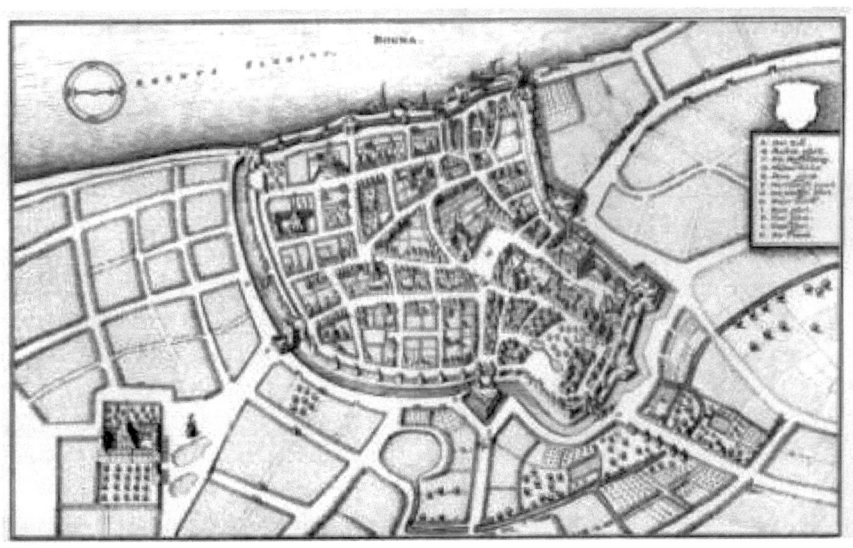

1. Der Text zu *Merians* Kupferstichen

Matthäus MERIAN wird 1593 als Sohn eines städtischen Ratsherrn in Basel geboren. Er lernt bei einem Züricher Meister die Kunst des Radierens. Bereits im Alter von 20 Jahren erhält MERIAN aus Nancy den Auftrag, den Leichenzug des gerade verstorbenen Herzogs Heinrich II. von Lothringen nach einer Zeichnung in Kupfer zu stechen. Nach einem Aufenthalt in Paris reist er zum Kupferstecher Theodor *de Bry* in Frankfurt am Main, dessen schöne Tochter weitere Reisepläne nach Italien vereitelt. Mit ihr als Ehefrau kehrt er nach Basel zurück.

    1624 übernimmt MERIAN die Kunst- und Buchhandlung mit Verlag und Kupferstichwerkstätten seines Schwiegervaters in Frankfurt.

Nachdem schon 1615, 1620 und 1628 Stadtpläne von Basel, Köln und Frankfurt von ihm erschienen sind und er auch Ansichten von Heidelberg, Stuttgart und vom Badeort Schwalbach im Taunus angefertigt hat, gibt er ab 1642 seine Topographien heraus. MERIAN stirbt 1650 in Bad Schwalbach. Seine Söhne Matthäus der Jüngere (geb. 1621) und Caspar (geb. 1627) geben den letzten Band der Merianschen Topographie von Deutschland heraus.

Seine *Topographia Germaniae* gilt als sein Hauptwerk – von 1642 bis 1654 erschien sie in zunächst 16 Bänden. Der Autor der Texte war Martin ZEILLER (1589-1661), in der Steiermark geboren, in Ulm gestorben – ein protestantischer Autor der Barockzeit. ZEILLER, der in Wittenberg studierte und zunächst als Hauslehrer bei protestantischen Adelsfamilien und auch als Notar u.a. in Linz wirkte, gilt als typisches Beispiel eines barocken Polyhistors und Kompilations-Schriftstellers. Von ihm stammt auch der Text zu den Bonner Kupferstichen.

In dem Topographieband Mainz-Trier-Köln sind die Gebiete der drei Erzbistümer und geistlichen Kurfürstentümer dargestellt und beschrieben. ZEILLER hat in seinen Texten auch die jeweils verwendeten Werke anderer Autoren genannt bzw. daraus zitiert.

Der Text in der von MATTHÄUS MERIAN herausgegebenen *Topographia Archienpiscopatuum Moguntinensos Trevirensis et Coloniensis, Das ist Beschreibung der Vornembsten Stätt und Plätz, in denen Ertzbistümern Mayntz, Trier, und Cöln (1646)* über BONN wurde der Schreibweise (und Grammatik) unserer Zeit und auch an einigen Stellen sprachlich behutsam zum besseren Verständnis angepasst. Erläuterungen werden zu den mit Ziffern versehenen Stellen im Anschluss an den Text angeführt.

Bonn. Man hat vor Zeiten diejenigen Ubier[1], die zwischen dem Rhein, der Maas und Mosel gewohnt, die *Ripuarier*[2] genannt, denen die Städte Cöln, Andernach, Bonn, Remagen, Düren, Gülch [= Zülpich], Neuss, Jülich und Aachen gehört haben. Es läuft durch der Ripuarier Landschaft die Ahr oder Ara, welcher Fluss beim Stättlein Sinzig in den Rhein fällt und an dem etliche nicht geringe Stättlein und Schlösser und unter denselben Altenahr und Neuenahr mit dem Grafen-Titel liegen, so zum Teil vom Haus Pfalz zu

Lehen herrühren, und welche Grafschaft von dem besagten Wasser Aar, das dadurch fließt, wie auch das Schloss Arburg und der Flecken Ahrweiler und nicht von den Adlern so man auch Aaren nennt wie teils vorgegeben, den Namen bekommen. Es ist aus den Grafen von Neuenahr, Graf Hermann[3] ein sehr gelehrter Herr und Dom-Propst zu Cöln und Aachen gewesen. (...)

So viel aber obiges **Bonn** anbelangt, so ist solches die Residenz-Stadt des Herrn Kurfürsten von Cöln. Ist eine schöne lustige wohlerbaute und in der Ebene gelegene, auch ziemlich feste [= befestigte] Stadt, darin die Hauptkirche samt seinem Kurfürstlichen Schloss in Sonderheit wohl anzusehen ist. Und müssen die den Rhein gebrauchenden Schiffleute und andere im Vorüberfahren da den Zoll geben. Der heilige *Maternus*[4] soll, bald nach der Zeit der Apostel, hier gelehrt haben und des Mercurius[5], den die deutschen Ubiier angebetet, Altar und Bildnis, da diese Stadt vorher *Ara Ubiorum* geheissen, umgestoßen haben. Es [= Bonn] hat um die Stadt herum ein schönes *Traidland* (= Getreideland) schöne Gärten, allerlei Früchte und einen guten Weinwuchs; daher der Name auch soviel als ein guter Sitz oder Lager oder Wohnung bedeutet; allda der Römische Feldherr *Drusus*[6], unter dem Kaiser Augustus, ein Kastell allhier erbauet, daraus folgend eine Stadt geworden (ist), die Kaiser *Julianus*[7] befestigt hat.

Es werden diese Verse von ihr [Bonn] gelesen:
>Bonna solum felix, celebris locus, inclyta tellus,
>>Florida Martyrio, terra sacrata Deo,
>Exulibius requies, asylum mite fuisti
>>Semper, Externite reperere suam.

[Bonn, glückliche Stätte, gefeierter Ort, berühmtes Land,
>blühend durch das Martyrium als Gott geweihte Erde.

Den Verbannten bist du Ruhestätte und friedvolle Zuflucht gewesen,
>und die Fremden haben dich stets als die Ihre erfahren.]

Hat einen schönen Markt und herrliche Brunnen. Das große Rheingebirge, so von Bingen bis an diese Stadt den Rhein an beiden Seiten einfasst, tut sich hier wiederum [zu] verziehen
und macht eine hübsche Ebene (...). Es gibt auch lustige Jagden umher und ist [auch] die Luft da gesund. Oben gedachte Hauptkirche hat ein Stift und

ihre Domherren; darinnen etlicher heiliger Märtyrer Körper, aus der Thebischen Legion, so als christliche Soldaten unter dem Kaiser *Maximinus*[8], die hier entdeckt und getötet worden sind, als da Pius, Cassius, Florentius und Malusius[9] und seine Gesellen ruhen, weswegen auch solche Kirche stattliche Freiheiten hat, die ihr *St. Helena*[10], als derselben Erbauerin zuwege gebracht (vielleicht = vermittelt) haben soll.

[Es folgen dann mehrere Quellenangaben für den daran anschließenden Text – *„P. Bertius in dieser Statt Beschreibung"* und *„Justus Lipsius in notis lib. 1 Annalium Taciti"* über Bonn als *„Ara Ubiorum"* sowie *„G. Braunen, im zweyten Theil seines Stättbuchs"* und *„Casp. Ens, in deliciis apodemicis per Germanium, p. 134 ".*]

Unter Kaiser Carolus Crassus[11] haben die Normannen diese Stadt Bonn samt Cöln und den umliegenden Castellen Tulbiack[12] und Neuss mit Feuer und auf andere Weise *verderbet*. König Johann aus Böhmen[13] hat sie einstmals belagert. Anno 1584 wurde sie von den Soldaten des abgesetzten Erzbischofs Gerhard zu Cöln[14] seinem Nachfolger Kurfürst Ernst[15] gegen vier tausend Taler übergeben: Aber durch die List des Martin Schencken[16] im Jahr 1587 eingenommen und darauf noch im selben Jahr vom Herzog von Parma[17] belagert, im der Folge erobert und dem Herrn Kurfürsten Ernst zugestellt.

Es liegt nicht fern von hier das Schloss Poppeldorf, dabei ein Flecken liegen soll.

[1] *Ubier*: Der germanische Volksstamm siedelt ursprünglich im Bereich des Mittelrheins und der unteren Lahn, wo er um 38 v. Chr. vom Feldherrn des Kaisers AUGUSTUS, MARCUS VIPSANIUS AGRIPPA (63-12 v. Chr.), links des Rheins zum Schutz der römischen Grenze angesiedelt worden war. Ihr Hauptort *Oppidum Ubiorum* ist die Keimzelle Kölns.

[2] *Ripuarier*: in der Bedeutung von Rheinfranken, an dem 5./6. Jahrhundert ripuarische Franken vom lat. Wort *ripa* = das Ufer. In der klassischen Geschichtsschreibung gelten sie als eine von drei Gruppen der Franken, die am Mittelrhein ansässig waren. Nach dem 4. Jahrhundert hatte sich das Siedlungsgebiet entlang des

Rheins von Köln über Mainz bis nach Worms und Speyer ausgebreitet.

3) *Graf Hermann von Neuenahr* (1492-1530), humanistischer Theologe, Staatsmann, Naturwissenschaftler und erzbischöflicher Kanzler der alten Universität Köln. Eine Skulptur von ihm befindet sich am Rathaus in Köln.

4) *Heiliger Maternus*, gest. um 328 war der erste bezeugte Bischof von Köln und nahm 313 und 314 an Konzilen in Rom bzw. Arles teil. Er gilt als Patron gegen Fieber, bei ansteckenden Krankheiten und für das Gedeihen von Weinreben. Er wird im sogenannten Maternusportal am nördlichen Querhaus des Kölner Doms dargestellt. Nach den Trierer Bischofslisten war er der dritte Bischof von Trier. Sein Bischofsstab wird in der Kölner Domschatzkammer aufbewahrt, Reliquien werden in Trier aufbewahrt.

5) *Mercurius*, deutsch Merkur, ein Gott der römischen Kultur, der Götterbote (griech. Hermes), Gott der Händler und Diebe, der in den keltischen und germanischen Provinzen noch mehr als in Rom verehrt wurde – darauf weisen zahlreiche Inschriften auf Weihesteinen hin. Nach *Tacitus* (*Germania*) setzten Chronisten Merkur mit dem germanischen Gott Wodan (Odin) gleich. *Mercurii dies* (Mittwoch) ist nach ihm benannt.

6) *Drusus*, Nero Claudius (38-9 v. Chr.), römischer Politiker, Heerführer (Feldzüge gegen die Germanen 12 bis 9 v.Chr.), Stiefsohn des Kaisers Augustus.

7) *Julianus*, Marcus Didius Severus (133 oder 137-193), römischer Kaiser im Jahr 193.

8) *Maximinus II.*, Gaius Galerius Valerius (gest. 313), ab 305 römischer Mitkaiser (Caesar), ab 310 als Augustus, befahl durchgreifende Christenverfolgungen.

9) *Florentius* und *Cassius* sind zwei römische Soldaten der legendären Thebäischen Legion (Legion, deren Soldaten am Ende des 3. Jh. den Märtyrertod erlitten haben sollen – nach einer historisch umstrittenen Überlieferung des 5. Jh.) Hinrichtungsort in Bonn soll „in ungeweihter Erde" am Fuß des Kreuzberges gelegen haben. 691 urkundlich eine *basilica der Heiligen Cassius*,

Florentius und Gefährten genannt. 1643 zu Stadtpatronen ernannt, Skulpturen vor dem Münster.

10) Siehe *St. Helena-Kapelle* als ein Kirchengebäude in Bonn-Zentrum, unweit des Münsters, die als einzige erhaltene romanische Hauskapelle einer Stiftskurie im Rheinland gilt; wahrscheinlich durch den Propst des Cassius-Stifts, Gerhard von Are (um 1100-1169) um 1160 zur Verehrung der heiligen Helena (248/250-um 330, Mutter des römischen Kaisers Konstantin) erbaut, 1657 durch den Kanoniker Johann F. Fabritius renoviert.

11) *Carolus Crassus* = Kaiser Karl III. (839-888), (*Crassus* = der Dicke) aus dem Adelsgeschlecht der Karolinger, 8776-887 ostfränkischer König, 888 westfränkische König und 881-888 auch römischer Kaiser.

12) *Tolbiack*, das fränkische Zülpich.

13) *König Johann von Böhmen* (1296-1346), König von Böhmen 1310-1346.

14) *Erzbischof Gerhard von Cöln*; *Gebhard* Truchsess von Waldburg (1547-1601), 1577-1583 Kurfürst und Erzbischof von Köln, trat zum Protestantismus über, heiratete und wollte das Erzstift säkularisieren – gegen den Widerstand der Mehrheit des Kölner Domkapitels; löste den *Kölnischen Krieg* aus – s. [18].

15) *Kurfürst Ernst;* Ernst von Bayern (1554-1612), 1583-1612 Erzbischof von Köln.

16) *Martin Schencken* = Martin Schenck von Neydeck, Kurfürstlich Cölnischer Feldmarschall (1540-1589).

17) *Herzog von Parma;* Alexander Farnese (1545-1592), bedeutender italienischer Feldherr in spanischen Diensten.

18) *C(K)ölnischer Krieg* – Truchsessischer Krieg zwischen kurkölnischen und bayerischen Truppen (1583-1588) – vereitelte den Versuch, das Erzbistum Köln in ein erbliches, protestantisches Herzogtum zu verwandeln.

2. Aus der Geschichte der Stadt bis zum Ende das 17. Jahrhundert

Eine Besiedlung im Raum von Bonn, im heutigen Stadtteil Oberkassel, ist bereits in der Altsteinzeit durch einen Skelettfund (um 10 000 v. Chr.) nachweisbar.

Im 1. Jahrhundert v. Chr. kamen Germanen in diesen Raum am Rhein und siedelten neben den dort bereits ansässigen Kelten. Um 55 v. Chr. drang Caesar bis an den Rhein vor und etwa ab 30 bis 20 v. Chr. siedelten dann Römer, wie Grabungen zwischen dem Rheinufer und dem Belderberg belegten, wo auch zwischen 16 und 12 v. Chr. ein römisches Heer stationiert war. Den Namen *Bonna* übernahmen sie offensichtlich aus dem Keltischen. Die Errichtung einer Rheinbrücke um 11 v. Chr., über die der Schriftsteller und Historiker *Florus* (aus der Zeit der Kaiser Trajan (98-117) und Hadrian (117-138) um 120 berichtete, wurde als Datum für die *2000-Jahr-Feier* 1989 benutzt. Die Brücke ließ *Drusus* (38-9 v. Chr.), Stiefsohn von Kaiser Augustus, bauen. Weitere Siedlungen entstanden durch die Verlegung der I. Legion aus Köln (mit dem Beinamen *Germanica*) nach Bonn um 30/40 n. Chr. mit einem Lager im Norden der Stadt, das beim Bataver-Aufstand 69 n. Chr. zerstört wurde. *Tacitus* erwähnt den Ort als *castra Bonnensia* – durch Ausgrabungen zwischen Rosenthal-Augustusring-Rheindorfer Straße-Rheinpromenade gesichert. Um das Lager erstreckte sich halbmondförmig die Lagervorstadt, *Cannabae* genannt. Um 400 n. Chr. endete die Zeit der Römer, die durch die Franken zur Aufgabe des Lagers gezwungen wurden.

(*Florus*: Römische Geschichte. Übersetzt, eingeleitet, kommentiert von Günter Laser, Darmstadt 2005.)

In der Zeit der *Völkerwanderung* kamen fränkische Siedler in den Bonner Raum – vorwiegend Unterfranken, *Ripuaren* genannt (s. Text bei MERIAN). Urkundlich wird das *castrum Bonna* noch im 9. Jahrhundert erwähnt.

Der Frankenkönig *Theudebert I.* (lebte zw. 495 und 500 bis 547/48) unterhielt im *Bonna Castrum* eine königliche Münzstätte und *Pippin III.* (der Jüngere oder auch der Kurze genannt – 714-768) besaß in der „Bonn-Burg" einen Brückenkopf. Im Bereich der heutigen Münsterbasilika entstand neben der erstmals 691 erwähnten Kirche das Cassiusstift und eine Siedlung mit dem Namen *villa Basilica*. Um den heutigen Marktplatz entwickelte sich eine Kaufmannssiedlung – *vicus Bonnensis* genannt und erstmals 792 erwähnt. Im 9. Jahrhundert wurde Bonn zweimal – 881 und 892 – von den eindringenden Normannen zerstört.

921 war ein für Bonn historisch bedeutendes Jahr. Die Könige *Heinrich I.* (876-936, als „Heinrich der Vogler" bekannt; König der Ostfranken 919-936) und *Karl III.* (der Einfältige, 879-929, König der Ostfranken) trafen sich zur Vereinbarung eines Freundschaftsbündnisses auf einem Schiff vor der „Bonn-Burg" auf dem Rhein am 7. November – zur Anerkennung der jeweiligen Königsherrschaft und des territorialen Status quo. 922 jedoch gelang es Heinrich I. *Lotharingien* (Mittelreich) aus dem Herrschaftsbereich von Karl III. infolge innerer Parteikämpfe in sein Reich einzugliedern – und so kam Bonn 925 zum späteren Römischen Reich Deutscher Nation.

Im Mittelalter residierte kurzzeitig Kaiser *Otto II.* in Bonn und 1015 war Kaiser *Heinrich II.* zu Gast. Aus der *villa Basilica* mit dem Cassiusstift entstand zu Beginn des 11. Jahrhunderts eine Stiftsburg – *civitas Verona* genannt. Eine Blütezeit erlebte das Cassiusstift unter *Propst Gerhard von Are* (geb. um 1100 auf Burg Are, gest. in Bonn 1169), als große Teile des Münsters und der Stiftsgebäude entstanden und die Burg Drachenfels erworben wurde.

1198 wurde Bonn im Feldzug von König *Philipp dem Staufer* (1177-1208; Philipp von Schwaben, ab 1198 römisch-deutscher König) gegen König *Otto den Welfen* (1175-1218, Otto IV. von Braunschweig, ab 1209 römisch-deutscher Kaiser; Gegenkönig Philipps) und den Erzbischof Adolf von Köln (um 1157-1220; Adolf von Altena, als Adolf I. von 1193-1205 sowie 1212-1216 Erzbischof von Köln) niedergebrannt.
Mit Erzbischof *Konrad von Hochstaden* (auch von Are-Hochstaden, um 1205-1261, ab 1238 Erzbischof – Hochgrab in der Johanneskapelle des Kölner Domes) begann in Bonn eine neue Periode. Er befahl 1244 die Ummauerung der Marktsiedlung und verlegte infolge zunehmender Konflikte mit der reichen Kölner Kaufmannschaft, die nach Selbstverwaltung und Unabhängigkeit strebte, seinen Stützpunkt nach Bonn. Den Bürgern wurden Freiheiten und Rechte als Ausgleich für die entstehenden Lasten

bestätigt. Die schon früher befestigte Stiftsstadt wurde in den Mauerring einbezogen.
Seine Nachfolger *Engelbert von Falkenburg* (um 1220-1276, als Engelbert II. 1261-1274 Erzbischof) und *Siegfried von Westerburg* (vor 1260-1297, ab 1275 Erzbischof) wurden aus Köln vertrieben und bevorzugten nun Bonn als Residenz. 1288 hatte Siegfried von Westerburg im Limburger Erbfolgestreit gegen Herzog Johann I. von Brabant (1252-1294) mit seinen Verbündeten Kleve, Berg, Mark und der Stadt Köln die sogenannte *Schlacht bei Worringen* verloren und so wurde Köln faktisch eine reichsunmittelbare Stadt. Die Erzbischöfe verloren daraufhin alle landesherrlichen Rechte.

1338 schlossen sich die sieben bedeutendsten Fürsten des Reiches, vier weltliche und drei geistliche, zum *Kurverein von Rhens* zusammen. Ihre Rechte wurde 1356 in der Goldenen Bulle von Kaiser *Karl IV.* (1316-1378, ab 1355 römisch-deutscher Kaiser) bestätigt. Auf dem Königsstuhl von Rhens (noch heute zu besichtigen) leistete jeweils der in Frankfurt am Main gewählte König im 14. Und 15. Jahrhundert den Treueeid, bevor er in Aachen von dem geistlichen Kurfürsten von Köln gekrönt wurde.

Vom 16. Jahrhundert an residierten die Erzbischöfe und Kurfürsten von Köln vorwiegend in Bonn. 1597, der Regierungszeit von Kurfürst *Ernst* (von Bayern, 1554-1612, ab 1583 Kurfürst), fand auch formell die endgültige Verlegung des kurfürstlichen Wohnsitzes in das Bonner Schloss statt. Ihm folgten die Kurfürsten *Ferdinand* (von Bayern, 1577-1650, ab 1612 Kurfürst), *Max Heinrich* (Maximillian von Bayern, 1621-1688, ab 1650 Kurfürst), *Joseph Clemens* (von Bayern, 1671-1723, ab 1688 Kurfürst) sowie *Clemens August* (von Bayern, 1700-1761), der als Mäzen und Bauherr (Schloss Augustusburg, Falkenlust in Brühl, Schloss Clemenswerth im Emsland, Lustschloss Clemensruhe in Poppelsdorf) in die Geschichte einging.

Bis zum Ende von Bonn als Haupt- und Residenzstadt des Kölner Kurstaates im Jahr 1794 residierten hier noch die Kurfürsten *Max Friedrich* (von Königsegg-Rothenfels, 1708-1784; Kurfürst von 1761-1784, Erbauer des Residenzschloss in Münster, heute Universität) und *Max Franz* (von Österreich, 1756-1801, ab 1784 Kurfürst).

3. Der Alte Zoll

A: Alter Zoll, L: Kranentor (davor Tretkran zum Verladen von Gütern auf die Schiffe) – auf der Bastei die Windmühle (s. Kap. 13)

Auf dem Merianstich (aus der Vogelperspektive) ist in der Vergrößerung die Anlage des *Alten Zolls* gut zu erkennen. Mit L ist das *Kranentor* gekennzeichnet. Die im 17. Jahrhundert errichtete Bastion bildet das südöstliche Ende der Altstadt. Der Bastion vorgelagert ist das Zollhaus, das seit dem Mittelalter hier bestand. Der Alte Zoll wurde auch *Dreikönigenbastion* genannt und wurde um 1644 errichtet. Aus dem genannten Jahr stammt die erste gesicherte Erwähnung im sogenannten Urplan der Festungsanlage.

Die Anlage hat einen Umfang von 150 m und ragt 15 m in die Höhe. Das Bauwerk ist in dem um 80° geneigten südlichen Teil (*Face* genannt, weil es sich um die dem Angreifer zugekehrte Seite handelt) mit Ziegeln, Trachyt und Basaltsäulen-Zwischenlagen aus Unkel errichtet. Dieser Teil wird auch als *Escarpe* oder *Eskarpemauer* (innere Mauer des Festungsgrabens) mit umlaufendem Cordon (Bauzierteil) und Brustwehr in italienischer Bauart beschrieben. Die auf der etwa 122 qm großen oberen Fläche mit Blick auf die Rhein- und Siebengebirgslandschaft befinden sich zwei von Kastanienbäumen beschattete Kanonen. Es handelt sich um französische Salutkanonen aus den Jahren 1803 und 1841, ein Geschenk von Kaiser Wilhelm I. nach dem Sieg von 1871 an die Universität Bonn.

Zu dieser Zeit wurde der Alte Zoll schon als Schlossterrasse genutzt – u.a. auch von Johann Wolfgang von Goethe. Auf seiner letzten Rheinreise vom Kurort Wiesbaden aus im Juli 1815 hielt er sich für einen Tag lang in Bonn auf. Begleitet wurde er vom Freiherrn vom und zum Stein und von dem Maler Fuchs. In seinen Beiträgen zur „Kunst und Alterthum am Rhein und Main" bzw. „Über Kunst und Alterthum in den Rhein- und Maingegenden" ist auch über ein Gespräch auf dem *Alten Zoll* zu lesen:

Während man nun diese Zeit über mit aufgeklärten und, im echten Sinne, freidenkenden Personen umging, so kam die Angelegenheit der ehemals hier vorhandenen Universität zur Sprache. Da man nämlich schon längst an der Wiederherstellung der veralteten hohen Schule in Cöln verzweifelt, habe man den Versuch gemacht, eine neue in Bonn zu gründen, Dieses Unternehmen sei deshalb mißlungen, weil man, besonders in geistlichen Dingen, polemisch und nicht vermittelnd verfahren. Furcht und Parteigeist zwischen den verschiedenen Glaubensgenossen sei indessen beschwichtigt, und gegenwärtig die einzig mögliche und vernünftig herbeizuführende Vereinigung der Katholiken und Protestanten könne nicht auf dogmatischem und philosophischem, sondern allein auf historischem Wege gefunden werden, in allgemeiner Bildung durch gründliche Gelehrsamkeit. Eine bedeutende Universität am Niederrhein sei höchst wünschenswert, da es der katholischen Geistlichkeit und somit auch dem größten Teil der Gemeinde an einer vielseitigen Geistesbildung fehle. Die Abneigung, ja die Furcht vor der Gelehrsamkeit sei früher daher entstanden, daß die Trennung der Christenheit durch Philologie und Kritik geschehen, dadurch die alte Kirche in Schrecken gesetzt, Entfernung und Stillstand verursacht worden. Bei veränderten Umständen und Ansichten könne dasjenige, was die Kirche getrennt, sie nun wieder vereinigen, und vielleicht wäre eine so schwer scheinende Aufgabe bei gegenwärtiger Gelegenheit, im oben angedeuteten Sinne, am sichersten zu lösen.

Wenn die Einwohner von Bonn ihre Stadt zum Sitz einer Universität empfehlen, ist es ihnen nicht zu verargen. Sie rühmen die Beschränktheit des Orts, die Ruhe derselben. Sie beteuern die Achtung, welche dem Studierenden hier zu Teil würde, als notwendigem und nützlichem Mitbewohner; sie schildern die Freiheit, die der Jüngling genießen würde in der herrlichen Gegend, sowohl landwärts als rheinwärts und überrheinisch. Die Ursachen, warum der erste Versuche mißlungen, kenne man nunmehr, und dürfe nur die ähnlichen Fehler vermeiden, so habe man völlige Gewissheit, diesmal zum Ziele zu gelangen.

Diese und ähnliche Gespräche wurden auf der **Terrasse des Schloßgarten** *geführt, und man mußte gestehen, daß die Aussicht von demselben entzückend sei: der Rhein und die Siebengebirge links, eine reich bebaute und lustig bewohnte Gegend rechts. Man vergnügt sich so sehr an dieser Ansicht, daß man sich eines Versuchs, sie mit Worten zu beschreiben, kaum enthalten kann.*

Das Zollhaus („Alter Zoll") mit der Windmühle in der Städteansicht von MERIAN vom Rhein aus gesehen

4. Die Gertrudis-Kapelle

Auf dem MERIAN-Stich, dem Grundriss der Stadt Bonn aus der Vogelperspektive, ist die *Gertrudis-Kapelle* in der Nähe des Alten Zolls (links) gut zu erkennen.

Sie wurde erstmals 1258 erwähnt, nach einer Zerstörung wieder aufgebaut und galt bis zum Bombardement des Zweiten Weltkrieges (18. Oktober 1944) als beliebte Gebetsstätte. Ihr schlanker Turm – neben dem damaligen Restaurant „Vater Arndt" ist auf alten Postkarten vor dem Zweiten Weltkrieg in der schmalen Gasse zum Rheinufer, heute Vogtsgasse neben den Neubauten an der Stelle des ehemaligen Hotels Beethoven, gut zu erkennen. Im Haus Rheingasse 7 stand auch das Haus, in dem die Familie Beethoven von 1776 bis 1785 wohnte.

Sie stand im sogenannten *Rheinviertel*, der Bonner Altstadt, auch der *Kuhl* genannt, einer Vertiefung zwischen Altem Zoll, Vogtsgasse, Giergasse und Rheingasse, die alljährlich vom Rheinhochwasser betroffen war.

Die *Gertrudiskapelle* war der heiligen Gertrudis von Nivelles (626-659) geweiht. Sie war die Tochter von *Pippin dem Älteren* (um 580-640, fränkischer Hausmeier in Austrien – östlicher Teil des Frankenreichs, der

Wiege der Karolinger) und seiner Frau *Iduberga* (oder auch *Itta,* gest. 652). Sie trat mit 14 Jahren in die von ihrer Mutter gegründete Abtei in Nivelles (Belgien) ein und gründete in der Mitte des 7. Jahrhunderts die Benediktinerinnenabtei in Karlburg (Stadtteil von Karlstadt am Main) in Unterfranken als eines der ersten Klöster im mainfränkischen Raum, wo man sich vor allem um Arme, Kranke und Gebrechliche kümmerte.

Nach dem Tod der Mutter leitete Gertrudis ab 652 als Äbtissin die Abtei von Nivelles. Sie galt als sehr gebildet und setzte sich u.a. dafür ein, dass auch Mädchen die *Heilige Schrift* lesen sollten. Neben der Krankenfürsorge – u.a. ließ sie ein Spital erbauen – versorgte sie auch fahrende Schüler und Wandergesellen und wurde so als *Schutzherrin der Landstraße* bekannt sowie als *Patronin von Spitälern*. Der Legende nach vertrieb sie durch ihre Gebete eine Mäuse- und Rattenplage und rettete dadurch eine Ernte.

Auf der alten Gertraudenbrücke beim Spittelmarkt in Berlin erinnerte ein Standbild aus dem Jahre 1895 an ihr Wirken. Der 17. März ist ihr katholischer Gedenktag im deutschen Sprachgebiet.

Der Text auf einer Tafel an der Gedenkstätte der *Gertrudis-Kapelle* in der Vogtsgasse lautet:

Gewidmet der / Hl. Gertrudis von Nivelles / *626 †17. März 659 / Patronin des Frühlings, der Reisenden und Schiffer / der Landwirtschaft und der Mädchenbildung / erbaut aus den Steinen der ehemaligen Bonner Altstadt / und Architekturteilen der 1940 von Deutschen zerstörten / Grabeskirche der Hl. Gertrudis von Nivelles – Belgien
In Erinnerung / an die / Gertrudiskapelle / deren Vorgängerbauten bis in das 9. Jh. / zurückreichen / und die 1944 zusammen mit der Altstadt Bonns/ von alliierten Bomben / zerstört wurde.

(Exponate aus der Gertrudis-Kapelle im *Frauenmuseum* Bonn)

5. Die Tore der Stadtbefestigung

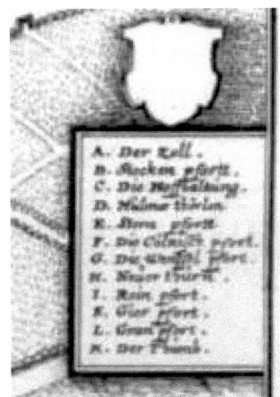

Die Bezeichnungen der mit den Buchstaben A bis M bezeichneten Festungsanlage bzw. Tore auf dem MERIAN-Stadtplan

Der Veröffentlichung von Gerhard *Aders* (1973) über „Bonn als Festung" ist eine „Zeittafel zur Festungsbaugeschichte Bonns" vorangestellt, die hier in Auszügen im Hinblick auf die Informationen bei MERIAN zitiert wird:
1244 Beginn des Mauerbaus
Um 1450 Bau des *Neuen Turms* am Rhein
1587 Bau von Schanzen vor den Haupttoren
Um 1600 Vergrößerung der Schanze vor dem *Sterntor*
1622 Beginn der Bastionsbefestigung mit dem Bau des *Stockentor*-Bollwerks
1635 Wall vor dem Schloss
1635-1642 Bau von *Cassius*- und *Zollbastion*
1658-1664 Bastion *Sterntor* mit Courtinen (Mittelwall zwischen zwei Bastionen)

Auf dem Grundriss der Stadt aus der Vogelperspektive sind bei MERIAN folgende Stadttore – meist als *Pforte* bezeichnet – eingetragen (am *Alten Zoll* beginnend im Uhrzeigersinn nach links folgend):
Kranentor – Gierpforte – Rheintor – Josefstor – Wenzeltor – Kölntor – Sterntor – Mülheimer Pforte – Stockenpforte.

Über den Beginn der Bastionsbefestigung berichtet *Aders* u.a., dass die Quellen zwar spärlich seien, sich jedoch mit Sicherheit feststellen ließe, dass die Befestigungsarbeiten um 1622/23 am *Stockentor* und an der *Hofhaltung* begonnen wurden. Wahrscheinlich sei, dass Kurfürst *Ferdinand* (von Bayern, 1577-1650, ab 1612 Kurfürst und Erzbischof von Köln) „in den 40er Jahren beim Bau der Südfront Pläne des wenige Jahre zuvor befestigten München verwandt" habe.

Aders verwendet auch den Plan von MERIAN und ergänzt ihn anhand seiner eigenen Forschungen. Folgt man auf dem abgebildeten Ausschnitt der Befestigungsmaier von rechts nach links, so ist links vom dem zweiten Schiff eine Anlage zu erkennen, die er als *Kavalier vor der Braunsgasse* bezeichnet. *Kavalier* (auch Chevalier oder Katze) ist ein Erdwerk auf Courtinen (Mittelwälle zwischen zwei Bastionen) zur Überhöhung der Umgebung, womit eine bessere Einsicht in das Vorgelände möglich wird.

Die Befestigungsanlagen vom Rheintor (I) bis zum Neuen Turm (H)

Der Ausschnitt aus dem MERIAN-Stich zeigt den Abschnitt der Befestigung zum Rheinufer – vom *Rheintor* (I *Rein pfort*) bis zum *Neuen Turm* (H *Neuer thurm*) und vermittelt zugleich ein Bild von der Bebauung innerhalb der Mauern. Das *Rheintor* (I *Rein pfort*) zum Rheinufer hin war das östliche Haupttor. Weitere offensichtlich kleinere Hafentore bzw. – pforten waren die *Gierpforte* (K *Gier pfort*)und das bereits im Kapitel 3 über den *Alten Zoll* genannte *Krantor* (L *Gran pfort*) oberhalb des Zolls, in dessen Nähe sich ein Tretkran zum Verladen befand.

Der nordwestliche und nördliche Verlauf der Stadtmauer wird durch die heutige *Kasernenstraße* und durch die *Theaterstraße* markiert.

Stockentor (B) mit Verlauf der Stadtmauer bis zum Alten Zoll (A)

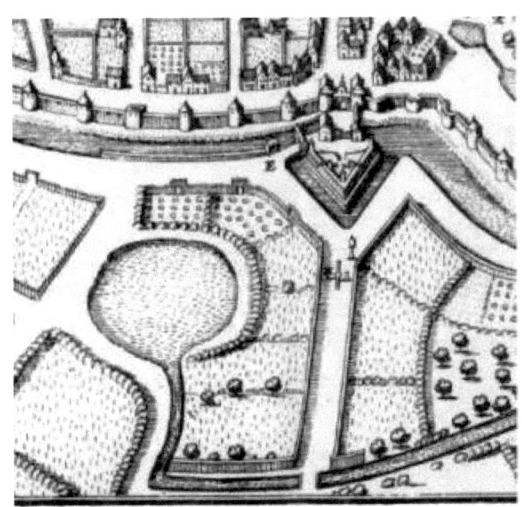

Sterntor (E *Stern pfortt*)

Die weiteren Haupttore waren das *Stockentor* (B *Stocken pfort*) nach Süden, das seit dem 18. Jahrhundert *Koblenzer Tor* genannt wird, das *Sterntor* (E *Stern pfort*) von (Pi)sternen Pforte nach Westen zur Eifel am Ende der heutigen Sternstraße (im Mittelalter *Pisternenstraße* = *Bäckerstraße* genannt – von lat. pistrina = Bäckerei), das *Kölntor* (F *Cölnisch pfort*) als nördliches Haupttor nach Köln (an der heutigen Kreuzung Kölnstraße/Kasernenstraße) und die bereits genannte Rheinpforte.

Das unter (B) genannte Stockentor nennt *Aders* „Die Katze vor der Hoffhaltung" (Katze oder Chevalier – s.o.) und die darüber (zum Rhein) sich befindende Befestigung als „Bastion Stockentor".

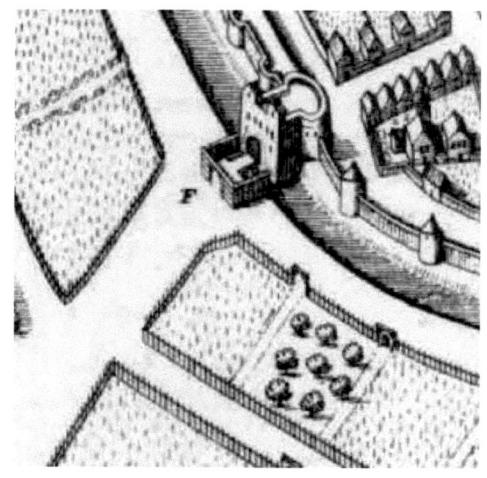

Kölntor (F *Die Cölnisch pfort*)

Mülheimer Pförtchen (D *Mülmer thörl*

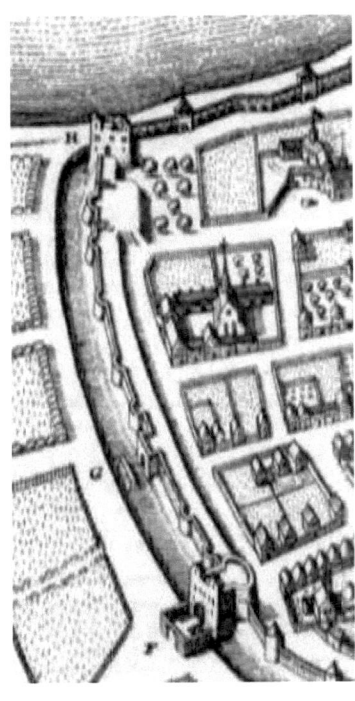 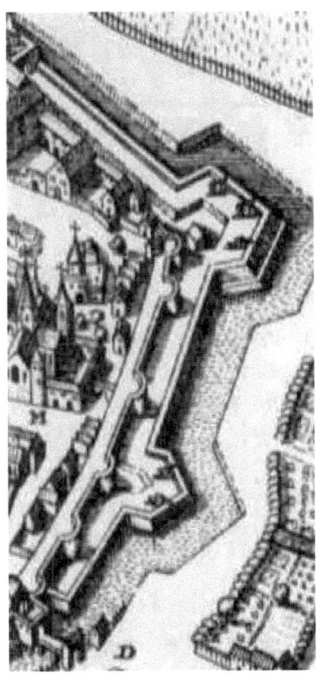

Stadtmauer vom Kölntor (F) über die Wenzelpforte (G) bis zum *Neuen thurm*(H)

Die zwischen dem Sterntor und dem *Mülmer Thörlein* (Mülheimer Tor – D) gelegenen Basteien werden von *Aders* als *Bastion Ferndinand* (oben) und *Bastion Cassius* bezeichnet.

Die *Mülheimer Pforte* (heutiger Mülheimer Platz) etwas südlich des Sterntors nach Südwesten und auch die Wentzelpforte (G) nach Norden zwischen Kölntor und Rhein (an der heutigen Kreuzung Welschnonnenstraße/Theaterstraße) am Ende der damalige Wenstergasse (Wanstmachergasse, heute Wenzelgasse), die vom Markt nach Norden bis zur nördlichen Stadtmauer führte, waren nur kleine Durchgänge im Sinne von Pforten.

Über die Auswirkungen der Festungsbauten auf die Stadt schrieb Josef *Dietz* in seinem Buch „Merkzeichen an Straßen und Häusern. Kleine Denkmäler der Stadtgeschichte in Bonn" u.a.:

„Die rheinauf, rheinab strategisch wichtige Lage der Stadt und die ständig wechselnde Parteinahme der einzelnen Staaten und Fürstentümer brachten ihr alles Unheil einer Verteidigungsbasis ein, Besatzungen, Kontributionen, Lieferungen, Brandschatzung und Verheerungen. Und insbesondere auch der Ausbau der Festung beraubte die Stadt und ihr umliegendes Gebiet bester Besitztümer, Ländereien, Siedlungen und Klöster. So gingen Flächen von insgesamt 146 Morgen in den Festungswerken verloren, mehr als 70 Morgen Weideland wurde unbrauchbar, da ‚Wasen' ansstoch, um die Befestigungen zu verstärken. Siedlungen wie das kleine Mülheim [s. Mülheimer Pforte] *vor den Toren der Stadt und das reiche Stift Dietkirchen wurden zerstört."*

Die Haupttore wurden im Verlauf des Mittelalters zu *Torburgen* nach dem Kölner Vorbild ausgebaut.

Eine *historische Spurensuche* im 21. Jahrhundert beginnt beispielsweise am *Alten Zoll* vom Rheinufer aus und führt zunächst zu den heutigen *Koblenzer Tor* und zum *Stockentor*. Vom Koblenzer Tor aus führt rechts vor Erreichen der Rheingasse die *Giergasse* über die Vogtsgasse wieder an das Rheinufer. Die Giergasse erinnert uns an die *Gierpforte*, die Rheingasse an das *Rheintor*.

Das Sterntor

An der Nordseite des Bottlerplatzes treffen wir auf das *Sterntor*, das ursprünglich (um 1244 erbaut) Ende der *Sternstraße* als Teil der mittelalterlichen Stadtbefestigung stand – es entsteht mit seinem Tonnengewölbe aus dem 17. Jahrhundert unter Denkmalschutz. Bis 1898 war es als die letzte Torburg der ehemaligen Stadtbefestigung erhalten geblieben. Dann wurde es trotz der Intervention durch Kaiser Wilhelm II. zur Verbesserung des Verkehrsflusses abgerissen und 1900 ein Ersatzbauwerk unter gleichem Namen aus Resten des ehemaligen Sterntores sowie Resten der Stadtmauer und eines alten Halbturms neu errichtet. Die in den äußeren Torbogen eingefügten Bildnisse (der Gekreuzigte mit Maria und Johannes sowie die „Muttergottes mit sieben Schmerzen") stammen aus dem Jahr 1650. Insgesamt wird das Bauwerk heute mit Eckürmchen und dem umlaufenden Zinnenkranz dem damaligen Historismus zugeordnet.

Im *Annagraben* in der Nähe der neuen Justizgebäude stoßen wir auf Reste der Befestigungsanlagen der Bastion Sterntor aus der Zeit von 1658-1664.

Über *Das Sternthor zu Bonn und seine Erhaltung* schrieb 1897 J. *Stübben*, „Kgl. Baurath, Beigeordneter der Stadt Köln, Mitglied der Provinzial-Commission für die Denkmalpflege in der Rheinprovinz" (Bonn, Verlag von P. Hanstein) u.a.:

„Unter den noch erhaltenen Theilen mittelalterlicher Stadtbefestigungen steht das Bonner Sternthor in der Rheinprovinz und überhaupt im westlichen Preussen nur den Kölner Thoren und dem Hauptbau des Andernacher Rheintores an Alter nach. Seine Erbauungszeit liegt in den Jahren 1243 bis 1245. Das Sternthor stand schon fertig da, als zum Kölner Dom der Grundstein gelegt wurde. Die übrigen grossen städtischen Befestigungen, wie diejenigen von Aachen und Soest, zumal aber die Mauerringe der kleineren rheinischen Stadt (Münstereifel, Zülpich, Ahrweiler, Niddeggen, Zons, Oberwesel, Bacharach), sind erheblich jünger.

Es ist bekannt, dass die mittelalterlichen Befestigungen der Stadt Bonn ein Werk desselben Erbischofs sind, der den Dom zu Köln gegründet hat, nämlich Konrads von Hochstaden, welcher nach seinen vielen Streitigkeiten mit der Kölner Bürgerschaft dem benachbarten Bonn seine Gunst zuwandte, ja die heutige Stadt dadurch ins Leben rief, dass er durch Anlage der Umwallung, des Grabens und der Thorburgen den gesicherten Raum schuf, innerhalb dessen die Stadt Bonn sich ausbauen konnte. Vorher war nur das Cassiusstift mit seiner sogenannten Freiheit mit eigenem Mauerring umfriedigt. Konrad von Hochstaden verweilte und wohnte gern in Bonn und verlieh der Stadt durch seine Bauten die Grundlage ihrer mittelalterlichen und heutigen Bedeutung.

Von den in unser Jahrhundert noch hinübergekommenen Theilen der Befestigung wurde das Kölnthor im Jahre 1825, die ganze Nordfront um 1867, das Mühlheimer Pförtchen erst in den 70er Jahren abgebrochen. Die Architekturtheile des letzteren sollen damals in das Arndthaus zur Aufbewahrung gebracht worden sein, sind aber mittlerweile verschollen!
[Das Sterntor befand sich nach dem in der zitierten Schrift abgebildeten Plan zwischen Kasernenstraße und Vivatsgasse- am Ende der Sternstraße. Hinter dem Sterntor war der Vieh-Markt und von ihm zweigte parallel zur Vivatsgasse die Mülheimer Straße ab, an der zur Vivatsgasse auch der im Folgenden genannte Halbturm stand. G.S.]

So sind das Sternthor und der südlich desselben noch erhaltene Halbthurm (...) die einzigen Reste der der grossartigen Hochstaden'schen Umwallung, unter deren Schutze die Stadt Bonn erwuchs und alle Stürme der Zeiten überdauerte. Zwar weiss die Stadtgeschichte von dem Thore selbst wenig oder nichts zu berichten, da infolge der Verschleppung der Bonner Archive in den Truchsessischen Unruhen am Ende des 16ten Jahrhunderts sowie der gründlichen Vernichtung der damals noch Verschonten durch das Bombardement von 1689 die Nachrichten aus dem mittelalterlichen Bonn überhaupt äußerst kärglich sind...

Die Quader des trotzigen Thorbaues müssen uns die verlorenen Handschriften der Archive ersetzen.

Der Hochstaden'sche Mauergürtel hatte für das Leben der Stadt die segensreichsten Folgen. War bis dahin der an die Trümmer des römischen Castrums sich anschliessende Ort in jeder Fehde verwüstet und zerstört worden, so dass er immer wieder in seine Unbedeutendheit zurückgeworfen wurde, so nahm die unter dem wehrhaften Schutze erblühende Ansiedlung alsbald rasch zu; schon 1285 erhielt sie städtische Verfassung, Handel und Gewerbe erblühten, die Wollenweberei entwickelte sich mächtig, der Wohlstand wuchs und mit ihm das Selbstgefühl der Bürger, die, auf ihre starken Mauern vertrauend, gelegentlich sogar dem Landesherrn zu trotzen wagten und sich mit anderen Städten, wie Andernach, Koblenz, Boppard und Oberwesel zum Schutze ihrer Freiheiten verbündeten. In kriegerischen Verwüstungszügen, in welchen die ganze Umgegend in Flammen aufging, so im Jahre 1318, als König Johann von Böhmen, 1377, als die Stadt Köln und der Graf Engelbert von der Mark mit dem Kurfürsten von Köln in Fehde lagen, befand die Stadt sich hinter ihren Mauern und Thoren in Sicherheit. Bonn wurde eine der bedeutendsten Städte des Erzstiftes. Seit dem 16. Jahrhundert haben die Kölner Erzbischöfe hier ihre bevorzugte Residenz. Das Hofleben brachte viele Vortheile. Im Jahre 1717 wurden die grössten Theile der Festungswerke geschleift, um die Ausdehnung der Stadt zu ermöglichen, und bald nachher entstanden die ausgedehnten Baulichkeiten des Bonner Schlosses, welches nicht nur damals der Mittelpunkt der meisten Erwerbszweige war, sondern auch in unserem Jahrhundert der Anlass geworden ist, dass zum Ersatz für die von den Franzosen zu Grabe getragenen Kölner Universität die Rheinische Friedrich-Wilhelms Universität seitens der preussischen Regierung gerade in Bonn errichtet wurde – diejenige Anstalt, welcher die Stadt den grössten Theil ihrer heutigen Bedeutung zweifellos verdankt. [s. auch Goethes Gespräche auf dem *Alten Zoll*.]

Es folgt nun eine ausführliche bauliche Beschreibung der *Sternpfortt (E)*, die auch die Darstellung des MERIAN-Stiches berücksichtigt:

„Eine ganz ähnliche Anordnung im Grundriss und Aufbau, wie das Hahnen- und Eigelsteinthor in Köln, besitzt das Sternthor zu Bonn, Es besteht aus dem über der Durchfahrt sich erhebenden quadratischen Mittelbau (...) und den beiden anschliessenden, nach der Feldseite vortretenden Halbthürmen. Die Grundrissmaasse sind etwas kleiner als die der beiden Kölner Thore, die lichte Weite der überwölbten Durchfahrt beträgt rund 4,5 m. Ueber dem Erdgeschoss liegt statt der beiden Kölner Obergeschosse nur ein einziges. Während aber die Oberräume der um etwa 50 Jahre älteren Kölner Thore Balkendecken tragen, besitzen in Bonn die drei Räume des Obergeschosses ebenso wie diejenigen des Erdgeschosses hohe, luftige Gewölbe, und zwar sind die Durchfahrt und der Oberraum des Mittelbaues mit Kreuzgewölben, die Räume in den Halbthürmen mit Halbkuppeln überspannt. Die lichten Grundrissmaasse sind über der Durchfahrt etwa 5 zu 5 m, in den Halbthürmen etwa 5 zu 7 m. Das Thor besitzt somit ganz ansehnliche feuersichere Innenräume, die von der Stadtseite her volles Licht empfangen. Reizvoll ist die Ausbildung des nördlichen Seitenfensters in dem Raume über der Durchfahrt, in dessen Leibungsnischen jene traulichen Ecksitze ausgespart sind, die uns von alten Ritterburgen wohlbekannt sind. (...)

   In der südlichen Seitenmauer des Mittelkörpers ist die Steintreppe ausgespart, welche zu den Oberräumen und von dort zum Dache emporführt. Wie das Dach ursprünglich beschaffen war, ist noch nicht festgestellt worden. Auf der Merian'schen Stadtansicht vom Jahre 1645 erscheint das Sternthor schon mit den giebelartigen Ziegel-Aufmauerungen über den Halbthürmen, die anscheinend steile Satteldächer trugen. Im 13. Jahrhundert werden sowohl der Mittelbau als die Seitenbauten nach Art der Kölner Thore mit horizontalen Wehrplatten abgedeckt gewesen sein, die mit einem Kranze von Zinnen und Scharten umgeben waren (...). Vermutlich hatte der Zinnenkranz des Mittelbaues über der äusseren Thoreinfahrt eine solche, durch Kragsteine getragene Ausladung, dass zwischen den Kragsteinen sich Oeffnungen bildeten, die zum Hinabwerfen von Steinen oder sonstigen Vertheidigungsgegenständen auf den anstürmenden Feind benutzt werden konnten (Machicoulis). Vielleicht auch war, wie an der Eigelsteinpforte zu Köln, zu diesem Zwecke ein besonderer Holzvorbau über dem Aussenthor zwischen den Halbthürmen eingespannt.

Die am Sternthor erhaltenen Gesimse, Kragsteine und Gewölberippen sowie die Bundsäulen in der Durchfahrt zeigen ähnliche Kunstformen wie die Kölner Thore, jedoch eine etwa mehr fortgeschrittene Durchbildung. Die an der Einfassung der Thoröffnungen auftretenden Formen, nämlich der Rundstab mit den Schaftringen und dem eigenthümlichen Spitzbogenschluss, sind gerade für die niederrheinischen Bauten aus jener Zeit charakteristisch; sie sind nur in wenig Beispielen über das Jahr 1250 nachzuweisen.

In der Durchfahrt des Sternthors sind die Gatterschlitze sehr wohl erhalten, die Gatter-Verriegelung und die Oeffnung im Gewölbescheitel, die zum Aufziehen von Verbrauchsgegenständen nach dem Oberraum, vielleicht auch zur Vertheidigung gegen den bis in den Thorgang gedrungenen Feind diente, sind leicht erkennbar..."

In der *Gangolfstraße* informieren schließlich noch eine Bronzeplatte und Bodensteinmarkierungen über den ehemaligen Verlauf der südwestlichen Befestigung des *Bastion Cassius* von 1642.

Aders hat sich besonders intensiv mit den Darstellungen im MERIAN-Stich beschäftigt, und er kommt nach seinen Analysen zu dem Ergebnis, dass der 1646 von Merian veröffentlichte Plan es ermöglicht, „den Zustand der Bonner Verteidigungsanlagen um 1642 näher und vollständiger zu erfassen und zu beschreiben".

Zur *alten Stadtmauer* stellt er fest, dass sie „streckenweise durch Schütten verstärkt" worden sei, „die vom Zoll bis zur Hofhaltung, vom Kleinhöfchen bis zum Mülheimer Törchen, vielleicht auch bis zum Sterntor reichten, dann sich wieder vom Kölnertor bis zum Neuen Turm erstreckten. (…) An der Landseite waren nahezu alle Dächer der Türme beseitigt worden, nur an der Rheinseite blieben die Turmdächer wie auch der überdeckte Wehrgang erhalten."

Zu den *Bastionen* heißt es: „Der Plan zeigt drei vollendete neue Bollwerke; die um 1642 errichtete Zollbastion und das 1644 entstandene Werk

‚Maximilian' (im Volksmund ‚Botterwerk') sind noch nicht dargestellt. (…) Die Südwestecke bildete die Ferndinandbastion. (…), der Bastionswinkel, der auf dem Plan stumpfwinklig erscheint – wie man 1970 beim U-Bahn-Bau auf dem Kaiserplatz feststellte –, betrug in Wirklichkeit genau 80°. Gut zu sehen sind der mauerbekleidete Unter- und rasenbekleidete Oberwall. Ferdinand war eine ‚hohle Bastion', d. h., ihr Inneres war nicht mit Erdreich ausgefüllt. Im Hof des Festungswerkes lag ein Blockhaus für die Besatzung."

Und zu den *Gräben* schrieb *Aders* u.a.: „Der mittelalterliche Stadtgraben zog sich im 17. Jahrhundert noch vom Mülheimer Törchen bis zum neuen Turm hin; dort war er gegen den Rhein zu durch eine Mauer verschlossen. (…) Alle Gräben waren durchweg trocken, nur im Westen sind auf dem Merian-Plan kleine Wasserflächen zu sehen, die wohl von Abwässern herrühren."

6. Die *Hoffhaltung* (C) – der Vorgängerbau des Schlosses

Aufsicht auf die *Hoffhaltung* (C aus MERIAN-Stadtplan aus der Vogelperspektive)

Direkt am *Stockentor* (B) befand sich auch der Vorgängerbau des heutigen Schlosses (Universitätsgebäudes) – bei MERIAN *Die Hoffhaltung* (C) genannt.

Josef *Dietz* beschreibt in seiner „Topographie der Stadt Bonn" den Plan von MERIAN wie folgt:
„Die Gebäude der ‚Hoffhaltung' sind um einen fast rechteckigen Hof gelagert. Hauptgebäude im W(esten): dreigeschossig, mit drei Flügeln um den Hof gelagert. Der Südflügel setzt sich galerieartig bis zu einem mächtigen Eckturm fort. An den Nordflügel schließt sich ein hoher Torbau an. Die Ostseite besteht aus 3 verschieden großen H(äus)ern. Im Hofe ein Brunnen. An der Westseite des Schlosses lehnt noch eine kleiner Anlage mit 2 Flügeln, vielleicht der Marstall, an. Der ‚Tummelplatz' im Norden des Schlosses ist durch 2 Barrieren abgeschlossen."

Im Auftrag von Kurfürst *Salentin von Isenburg* wurde von 1567 bis 1577 der bei MERIAN dargestellte Vorgängerbau des heutigen Schlosses erbaut. Im Süden war er durch die Stadtmauer begrenzt.

Salentin von Isenburg (1532-1610) wurde auf der Burg Isenburg bei Dierdorf (Landkreis Neuwied) geboren und war von 1567 bis 1577 Erzbischof und Kurfürst von Köln, von 1574 bis 1577 auch Fürstbischof von Paderborn und von 1577 bis zu seinem Tod auf der Burg Arenfels (oberhalb von Bad Hönningen) als Salentin IV. von Isenburg-Grenzau der vorletzte Graf der Grenzauer Linie des Hauses Isenburg. In der Geschichte der Kölner Kurfürsten werden seine Verdienste in der Ordnung der Verwaltung und der Finanzen hervorgehoben. Es sei ihm gelungen, die auf dem Erzstift lastenden Schulden weitgehend zu tilgen, er habe eine Reform des Verwaltungs- und Gerichtswesens und auch eine Visitation des Pfarreien und Klöster angeordnet sowie das Schulwesen umgestaltet.

Im 17. Jahrhundert lag in dem engen Raum zwischen der Südseite des Schlosses und der Festungswerke ein *Pomeranzengarten,* „darin ein Brunnen und eine Säulenhalle, deren Gewölbe mit Muschelwerk belegt war. Im April 1689 wurde dieses ‚Schloßgärtlein' von den französischen Truppen zerstört, der Platz zu einem Pferdestall gemacht." (J. Dietz)

F. *Indenbirken* berichtet über den Ausbau der Hofhaltung „zu einer aufwendigen Residenz" durch den Kurfürsten Ferdinand von Bayern (1612-50)" und berichtet, dass nach MERIAN-Plan „zwei rechtwinklig verbundene, mehrgeschossige, durch zahlreiche Kamine ausgezeichnete Trakte (…) mit einem dritten, parallel zur Stadtmauer liegenden Baukörper einen U-förmigen Gebäudekomplex (bilden), der einen lnägsrechteckigen Hof zur Hälfte begrenzt, in dessen Mitte ein Brunnen steht." Darüber hinaus erfahren wir, dass „ein eingeschossiger Arkadengang (…) den an der Stadtmauer gelegenen Flügel mit einem von einem hohen Aufsatz bekrönten Turm im südöstlichen Winkel der Anlage (verbindet)." Und an ihn „stößt ein größeres Gebäude, das die östliche Seite des Hofes schließt; die nordöstliche Ecke wird von kleinteiliger Bebauung gebildet."

Zur Straße „Am Hof", in dem dazu parallel gelegenen Flügel des frühen Schlosses, öffenet sich eine Toreinfahrt, die östlich durch einen leicht vorspringenden Turmbau eingegrenzt wird.

Ein ausführliche Beschreibung stammt erst aus dem Jahr 1660 und zwar aus dem Tagebuch des Jesuiten Daniel *Papebroich* (1628-1714) der nach *Indenbirken* Bonn zur Zeit des Kurfürsten Maximilian Heinrich von Bayern (1650-1688) besuchte und das Schloss teilweise besichtigen durfte. Danach soll sich in dem „Alten Bau" (also dem aus der Zeit des MERIAN-Stiches) im Erdgeschoss der weiträumige Marstall befunden haben. Das Schloss soll mit dem südöstlichen Eckturm durch eine Galerie oder Säulenhalle verbunden gewesen sein, wo der Kurfürst gerne gefrühstückt habe.

7. Das Münster, St. Gangolf und St. Martin

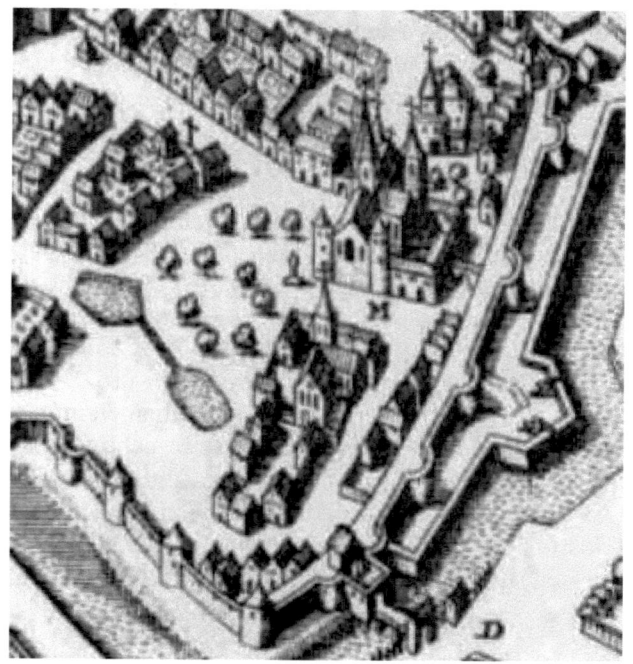

M: St. Martin

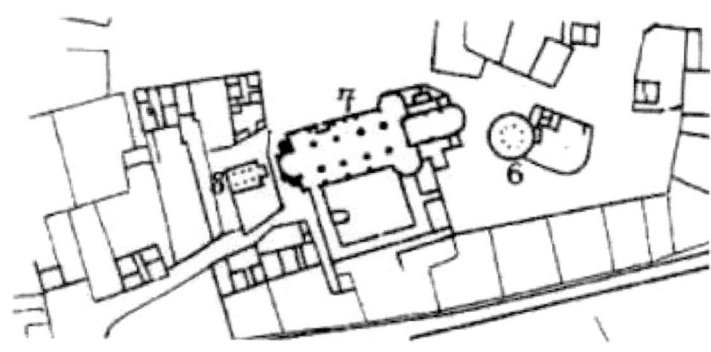

Rekonstruktion der Umgebung des Bonner Münsters (nach 1700): 7 Münster, 8 St. Gangolf, 6 St. Martin

Eine Rekonstruktion der Umgebung um das Bonner Münster zeigt auch die Lage der bei MERIAN dargestellten Pfarrkirchen *St. Gangolf* und *St. Martin*.

Vor dem Münster, zur Straße …, befindet sich eine Platte mit Informationen zur ehemaligen Kirche St. Martin:

Ehemalige Pfarrkirche St. Martin. Bau aus der Zeit um 1140 anstelle eines 799 erstmals genannten Gotteshauses.
 1812 abgebrochen.
 Die Umrisse der Kirche sind in der Pflasterung sichtbar gemacht.

St. Gangolf wurde von Erzbischof Philipp von Heinsberg um 1170 gestiftet und war dem *Cassius-Stift* inkorporiert. Die benachbarte Pfarrkirche wurde 1812 abgerissen und das Münster kam so in den Besitz der Pfarre St. Martin.

Die Kirche *St. Martin* ist in der um das Cassius-Stift entstandenen Siedlung 799 nachweisbar. Zunächst als Eigenkirche (im frühen Mittelalter auf

Eigengrund von Adeligen erbaute Kirchen) gegründet, wurde sie 804 durch einen Grundherren mit Namen Rungus dem Stift geschenkt.

Der *Liber Valoris ecclesiarum Coloniensis dioceses* (Werte-Buch der Kirchen der Diözese Köln / Steuerverzeichnis der Kölner Erzbischöfe) verzeichnete um 1300 *St. Martin* als eine der vier Bonner Pfarrkirchen. Wahrscheinlich wurde sie wie das Bonner Münster vor 1050 erbaut. Als Zentralbau – möglicherweise nach dem Vorbild der Jerusalemer Grabeskirche – mit anstoßendem Westbau und vorspringender Apsis verfiel sie zunehmend nach der Säkularisation, stürzte 1812 nach einem Sturm größtenteils ein und wurde dann abgerissen. Die Steine fanden zum Teil in einer neuen Kapelle in Poppelsdorf Verwendung. Im Pflaster des *Martinsplatzes* ist der Grundriss von St. Martin dargestellt (vor den Skulpturen von Cassius und Florentius zur Wesselstraße an der Ampel). In der Pflasterung und im Asphalt der Straße befindet sich ein Band aus Porphyrquadern, welches den Grundriss dieser alten Tauf- und Pfarrkirche aus dem zweiten Viertel des 12. Jahrhunderts nachzeichnet. Beschrieben wird die Kirche als ein Rundbau mit doppelgeschossigem Umgang, halbrunder Apsis im Osten und einer zweistöckigen Westvorhalle über einem sich leicht traperzförmig verjüngendem Grundriss.

Blick auf das Münster vom Rhein aus in der Städteansicht von MERIAN

Das *Cassius-Stift* wurde wahrscheinlich spätestens am Ende des 7. Jahrhunderts in Bonn gegründet – und 1802 wieder aufgelöst. Der Legende nach befindet sich das Grab des als Märtyrer verehrten *Cassius* (zusammen mit dem Grab des ebenfalls als Märtyrer verehrten *Florentinus* und weiteren Märtyrergräbern) unter der Stiftskirche, dem heutigen *Bonner Münster*.
Cassius und *Florentius* waren zwei römische Soldaten der legendären Thebäischen Legion, die im 3. Jahrhundert n. Chr. bei einer Christenverfolgung getötet worden seien. Die Legion soll aus dem östlichen Teil des Römischen Reiches (Ägypten) gekommen und von *Mauritius* (gest. um 290, von der römisch-katholischen Kirche als Heiliger seit dem 4. Jahrhundert verehrt) geführt worden sein. Mauritius gilt als Schutzheiliger des Heeres, der Infanterie, der Messer- und Waffenschmiede – sein römisch-katholischer sowie auch evangelischer Gedenktag ist der 22. September. Am Ende des 3. Jahrhunderts habe Kaiser Maximian (um 240 bis 310, zusammen mit Diokletian von 286-305 Kaiser des römischen Reiches) die Legion in den Krieg gegen die Bagauden (bewaffnete Bauern und Hirten) nach Gallien geschickt. Ein Teil der Legion sei zur Niederschlagung eines Aufstandes in die Rheinlande vorausgeeilt. Cassius und Florentius seien als Christen mit zwölf Gefährten in Bonn in „ungeweihter Erde", angeblich am Fuße des Kreuzberges, hingerichtet worden. In Köln erlitten *Gereon* (um 270-304) mit 318 Gefährten und in Xanten *Victor* (mit 330 Gefährten) das gleiche Schicksal.

In der *Martyrologium Hieronymianum*, einer wichtigen Schrift über die Märtyrer des Ur- und Frühchristentums (mit Hinweisen auf das Jahr 392) – einer spätantiken und frühmittelalterliche Sammlung – wird eine Urkunde von 691 über eine Basilika der Heiligen Cassius, Florentius und Gefährten genannt. Nachweisbar ist die Basilika in der Schrift „Passo sanctorum Gerenis, Victoris, Cassi et Flotentii Thebaeorum martyrum" aus dem 11. Jahrhundert.

Das *Cassiusstift* bestand vom Ende des 7. Jahrhunderts bis 1802. In der ältesten überlieferten Schriftquelle über die Schenkung eines Weingutes an die Kirche der Heiligen Cassius und Florentius (*Basilica sancta Cassii et Florentii*) von 691 oder 692 wird *Giso* als Abt der Basilica genannt. Die Historiker vermuten, dass es sich bei Giso um einen Kleriker handelte, der später Bischof von Köln wurde. Die Vorgeschichte des Stiftes bzw. des Münsters beginnt in der römischen Zeit – mit der Totengedenkstätte (*cella memoriae*) in der Nähe der Sarkophage, in denen sich die sterblichen Überreste der beiden Märtyter befunden haben sollen. Dieser Bereich wurde im 6. Jahrhundert von einem Saalbau überbaut, der auf den Fundamenten von zweitverwendeten Matronenaltären und anderen Bauteilen (Steinen) römischer Denkmäler (*Spolien*) errichtet wurde. Dieses Gebäude galt offensichtlich Ende des 7. Jahrhunderts als Grabkirche der christlichen Märtyrer und war somit auch Ziel christlicher Pilger.

Bis in das 8. Jahrhundert wurde das Gebäude um- und ausgebaut und es entstanden zwei weitere Grabkapellen sowie mehrere Wohn- und Wirtschaftsräume, die dem ursprünglichen Bau angefügt wurden. Im 8. Jahrhundert sind für diese Einrichtungen mehrere Stiftungen urkundlich belegt, so dass die Gründung des *Cassius-Stiftes* auf das Ende des 8. Jahrhunderts angenommen wird. Bis in das 11. Jahrhundert sind wesentliche bauliche Veränderungen nicht mehr nachweisbar. Dann wurden die Gebäude abgerissen und es entstand das *Münster*. Die Stiftskirche war keine Pfarrkirche. Bis dahin war die *Dietkirche* im Bereich des ehemaligen Römerlagers (s. Kap. 8) die Pfarrkirche von Bonn und auch im Mittelalter hatte die benachbarte Kirche *St. Martin* (s.o.) die Funktion einer Pfarrkirche für die umliegenden Gemeinden.

In der Entstehungszeit des *Cassius-Stifts* stand der Kölner Erzbischof dem Stift vor – als möglicher Gründer und erster Abt gilt Erzbischof *Hildebold* (von 787 bis795 Erzbischof von Köln, Vertrauter Karl des Großen, gest. 818). Von den Erzbischöfen wurden Verwalter für das Stift ernannt, die sich ab 848 Pröpste nannten.

Der für Bonn wohl bedeutendste Propst war *Gerhard von Are* (um 1100 bis 1169). Er stammte aus dem hochadligen Geschlecht Grafen von Are und Hochstaden und wurde auf der Burg Altenahr als Sohn des Grafen Dietrich I. von Are, Erbauer der Burg Are, geboren. Der politisch sehr aktive Dietrich verschaffte im Jahr 1124 seinem Sohn die Würde des Propstes des Bonner Cassius-Stiftes. Gerhard selbst pflegte enge Beziehungen zum Papst Innozenz II. vor 1088 bis 1143, Papst seit 1130), durch dessen Urkunden (elf sind überliefert) das Stift eine neue

Rechtsgrundlage erhielt. Gerhard ließ auch vor dem Osttor der Münsterbasilika die heute zerstörte Tauf- und Pfarrkirche St. Martin errichten. Ab 1140 förderte er den Ausbau der Basilika und ließ sie durch die Apsis und den Kreuzgang erweitern. Von etwa 1154 bis nach 1160 war Gerhard Propst der Servatiuskirche in Maastricht.

Nach Gerhard von Are, dessen Erweiterungsbau 1153 eingeweiht wurde, erfolgten weitere Ausbauten: Gegen Ende des 12. Jahrhunderts wurde das Chorhaus mit Kreuzrippengewölben versehen, um 1200 erhielten die Querschiffe fünfseitige Apsidenschlüsse, die Vierung und ein achteckiger, von einem gefalteten Zeltdach gekrönter Vierungstrum wurde erbaut. Im 16. Jahrhundert erhielt der heute 61,4 m hohe Turm einen Spitzhelm. Das Langhaus wurde zu Beginn des 13. Jahrhunderts neu ausgeführt, die Seitenschiffe verbeitert und die Westapsis neue gestaltet. Zerstörungen erlitt das Münster sowohl zwischen 1583 und 1589 und als auch der Entstehung der MERIAN-Stiche 1689. Restaurierungen erfolgten 1883-1889, 1934 und nach den Bombenschäden im Zweiten Weltkrieg.

Eine kurze Beschreibung der Geschichte des Münsters ist im „Jahrbuch der Münsterpfarre zu Bonn. Herausgegeben vom Hauptpfarramt" aus dem Jahr 1938 (Köllen-Verlag, Bonn) zu lesen – im Teil „Führer durch das Bonner Münster":

„Das Bonner Münster, ehemals Kirche des St. Cassius- und Florentius-Stiftes, jetzt Pfarrkirche zum hl. Martin, hat eine bis in die römische Zeit reichend, durch Ausgrabungen weitgehend geklärte Vergangenheit. Der christliche Kult nimmt an dieser Stelle seinen Ausgang von Märtyrergräbern, über denen zwischen 260 und 300 eine mit wesentlichen Resten erhalten vorgefundene Anlage zur Abhaltung des in frühchristlicher Zeit üblichen Toten-Gedächtnismahles errichtet wurde. Zu Ende des 4. Jahrh. wurde dann über dem Grab eine Kirche erbaut, wobei als Baumaterial Altäre eines in der Nähe gelegenen heidnischen Tempelbezirks verwendet wurden; diese Altäre – meist den Ausonischen Matronen geweiht – kamen bei den Ausgrabungen zu Tage und befinden sich jetzt als Leihgabe der Münsterpfarre im Landesmuseum Bonn. Es handelte sich um einen schlichten, unter der heutigen Krypta gelegenen Bau von rechteckigem Grundriß, der noch in römischer Zeit durch einen

Kapellenbau mit Apsis erweitert wurde. In spätkarolingischer Zeit wurde diese Kirche erneuert und erweitert. Bei der Kirche entstand ein Kanonikerstift, das bis 1803 bestanden hat.

Dieses Stift ließ die karolingische Kirche niederlegen und bald nach der Mitte des 11. Jahrh. einen vollständigen Neubau errichten, der bemerkenswerterweise nicht die Richtung der alten Kirche beibehielt. Diese neue Kirche, von der im heutigen Bau noch bedeutsame Reste erhalten sind, hatte zwei Chöre, wie der alte Kölner Dom, und stand an Ausdehnung dem heutigen Münster nur wenig nach. Von diesem Bau sind erhalten: Das Langhaus der Krypta und die Wände des Hochchores, die außen noch die alte Gliederung erkennen lassen, sowie die westlichen Flankierungstürme, im 19. Jahrh. teils erneuert, sowie Teile der älteren Apsis des Westchors. Um 1152 ließ dann Propst Gerhard v. Are die Apsis der Krypta und des Hochchores nebst den östlichen Flankierungstürmen sowie den heutigen Kreuzgang erbauen. Um 1200 wurde das heutige Querschiff, um 1220 bis 30 das jetzige dreischiffige Langhaus errichtet. Die spätere Zeit hat an dem Bauwerk keine wesentlichen Veränderungen vorgenommen. Nach 1883 wurde eine Restauration vorgenommen, wobei man die Westfassade erneuerte, die Oberbauten der westlichen Flankierungstürme neu aufbaute und an vielen Stellen ausgewitterte Verblendsteine erneuerte..."

Norbert *Schloßmacher* berichtet in seiner „Bonner Geschichte in Bildern" (Wienand Verlag, Köln 1989) auch über zwei Königskrönungen im Bonner Münster – „ein erstaunlicher Vorgang, da seit dem 10. Jahrhundert traditionell die freie Reichsstadt Aachen die Stätte deutscher Königskrönungen war." Es handelt sich um die Krönung von Friedrich den Schönen (1289-1330) aus dem Hause Habsburg durch den Kölner Erzbischof Heinrich von Virneburg (um 1295-1353) am 24. November 1314 als Gegenkönig zu Ludwig IV. den Bayern (1281-1347) sowie am 26. November 1346 von dem Luxemburger Karl IV. (1316-1378) durch Erzbischof Walram von Jülich (um 1304-1349, ab 1332 Erzbischof des Erzbistums Köln) als Gegenkönig des mit dem Papst zerstrittenen Ludwig des Bayern. In beiden Fällen hatte sich Aachen geweigert, seine Tore für die jeweilige Krönung zu öffnen. Schloßmachers Fazit zu diesen Ereignissen lautet:

„*Wenngleich die erste Krönung nicht die erstrebte Macht brachte und die zweite später in Aachen wiederholt wurde, zeigen die Ereignisse, daß Bonn zur wichtigsten Stadt im Erzstift Köln aufgestiegen war; die beiden glanzvollen Staatsakte waren gleichsam Vorboten einer zukünftigen, noch glänzenderen höfischen Epoche.*"

8. Der Marktplatz, das historische Gasthaus „Em Höttche" und die Kirchen in der Brüder- und Remigiusgasse

Im Ausschnitt des MERIAN-Stichs aus der Vogelperspektive sind oben in der Ecke neben dem alten Rathaus (rechts) das Gebäude des heutigen Gasthofes *„Em Höttche"* und in der Seitengasse links, der Brüdergasse, das ehemalige *Minoritenkloster*, heute *St. Remigius* in der Brüdergasse zu erkennen. Im unteren Teil des Ausschnittes ist noch die ehemalige St. Remigiuskirche zu sehen, an welche die heutige Remigiusgasse erinnert.

Der *Marktplatz* war im Mittelalter der Mittelpunkt der Kaufmannsstadt. Er entstand im 11. Jahrhundert als Mittelpunkt einer Gewerbesiedlung an einer vielbefahrenen Straße. Das heutige *Rathaus* wurde erst 1737-38 anstelle eines bei MERIAN dargestellten mittelalterlichen Baues errichtet.

Von Josef *Dietz* wird in seiner „Topographie der Stadt Bonn" das Rathaus auf dem MERINA-Plan wie folgt beschrieben:
„Das Bürgerhaus war ein dreigeschossiger Bau mit zwei Toreingängen u. drei Fachwerkgiebeln. Mit seinem Seitentrakt reichte es in die Stockenstraße hin u. schloß die Neugasse ab."

Das Gasthaus „*Em Höttche*" kann auf eine lange Tradition zurückweisen. Als Haus einer *Nesa von der Bomen* ist es bereits 1389 nachweisbar, nach der auch das spätere Gasthaus zunächst benannt wurde. An den hölzernen Deckenbalken des heutigen Gasthauses lässt sich fast die ganze Historie ablesen – u.a. dass 1628 *Elisabeth Kurzrock* als Hexe verbrannt wurde oder dass hier *Ludwig van Beethoven* mit seiner Jugendliebe *Barbe Koch* getanzt habe. Auch aus der Geschichte des *Kölner Krieg* ist die Episode des Kölner Kurfürsten *Gebhard Truchseß von Waldburg* (1547- 1601) verzeichnet, dessen Festmahl zur Hochzeit (mit Agnes von Mansfeld am 2. Februar 1583 in Bonn) im Gasthaus *Zum Blomen* mit einem Chaos geendet habe. Gegner des Kurfürsten stürmten das Lokal wollten ihn töten, der Kurfürst mit der Hochzeitsgesellschaft musste fliehen.

Als das heutige *Rathaus* erbaut wurde, diente das „*Höttche*" 1737 bis 1739 als Ausweichquartier für den Stadtrat. 1822 kaufte der Bierbrauer *Gottfried Wolf* das Haus (für 3610 Goldtaler) und seither heißt es „*Em Höttche*". Beim Bombenangriff auf Bonn am 18. Oktober 1944 brannte es bis auf die Grundmauer ab und wurde wieder aufgebaut.

Die heutige Kirche *St. Remigius* ist eine gotische dreischiffige Pfeilerbasilika mit einem Kreuzgratgewölbe aus Tuffstein aus dem Jahre 1317, deren Bau bereits 1272 vom Bettelorden der Franziskaner begonnen und als *Klosterkirche der Minoriten* genutzt wurde. Beim Beschuss durch brandenburgische Truppen 1689 wurde sie stark beschädigt. 1806 wurde die Kirche von der Pfarrei St. Remigius, deren Gotteshaus auf dem heutigen Remigiusplatz 1800 durch Blitzschlag stark beschädigt und abgebrochen worden war, übernommen.

9. Die Dietkirche und das Johanniskreuz

Blick vom Hafen im Nordosten auf die Dietkirche

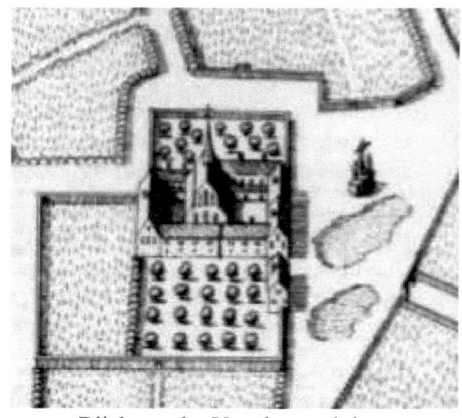

Blick aus der Vogelperspektive auf die Dietkirche und das Johanniskreuz

Der Name *Dietkirche* bezeichnete nicht nur eine Kirche (Dietkirche = Volkskirche) sondern auch ein Dorf Dietkirchen – heute im Bereich der Nordstadt von Bonn. Schriftlich bezeugt wurde sie erstmals um 795. Sie war die erste Pfarrkirche im Bonner Raum und war als Taufkirche den Heiligen Petrus und Johannes geweiht. Bei der Dietkirche befand sich ein Brunnen, der Johannisbrunnen. Hier endete auch eine römische Wasserleitung. Aus ihr wurde das Wasser für die Taufe entnommen – in Erinnerung an die Taufe Christi im Jordan als fließendes Wasser.

In Bezug auf das Römerlager stand die Dietkirche im Südwesten des Lagers – zwischen Augustusring, Rosental, Graurheindorfer Straße und der Rheinpromenade heute.

Der Merian-Stich aus der Vogelperspektive zeigt auch das um 1010 um die Kirche herum entstandene Kloster, das später in ein Stift umgewandelt wurde. Das Kloster Dietkirchen hatte das Recht, jährlich den wohl ältesten Jahrmarkt von Bonn, den Johannesmarkt, abzuhalten. Er fand jeweils zwischen dem 23. (Vorabend des Festes zu Ehren Johannes des Täufers) und dem 29. Juni (dem Patronatsfest Heiliger Petrus) statt. Als Platz wird der dreieckige mit Weiden bewachsene Platz an der heutigen Kreuzung

Kölnstraße-Rosental-Am Johanneskreuz lokalisiert. Auch der Straßenname *Dietkirchenstraße* (Abzweigung von der Nordstraße) erinnert an dieses historische Dorf mit Kloster und Kirche.

Auch die Bezeichnung *Am Johanneskreuz* an der Straße Rosental kennzeichnet die frühere Lage, wo sich mehrere Straßen kreuzten mit einem Fahrweg zum Rhein, wo sich Furt oder auch eine Fähre den Übergang nach Schwarzrheindorf ermöglichten.

Josef *Dietz* berichtet in seinem Buch „Merkzeichen an Straßen und Häusern. Kleine Denkmäler der Stadtgeschichte in Bonn" (1962) über das Johanneskreuz als Marktkreuz und den Markt:

„Auf dem Marktplatz vor Dietkirchen wurde alljährlich von der Vigil des hl. Johannes des Täufers an bis zur 9. Stunde des Festes Peter und Paul (von 23. bis 29. Juli) seit altersher der Johannismarkt gehalten, so heißt es schon in der Urkunde König Karls IV., der Dietkirchen das Privileg des Jahrmarktes am 2. Juli 1349 bestätigte.
Bereits am Vorabend des Feiertages für St. Johann, den zweiten Kirchenpatron des Stiftes, wurde ein ‚Wimpel' oder eine Fahne ausgesteckt zum Zeichen, daß der Markt eröffnet war. (In ähnlicher Weise wurden bei dem Maimarkt des Münsters der Turm der Vivatsgasse und die Propstei in der Wenzelgasse beflaggt.) Der Johannistag selbst wurde durch eine besonders feierliche Prozession, wohl eine Gottestracht, eingeleitet. Dabei entfaltete das Stift alle nur erdenkliche Pracht.
Nach altem Brauch hatte das Kapitel und nicht die Äbtissin auf St. Johann das Recht des Weinzapfs. Die Knechte des Klosters verkauften in einem Zelt die Weine des Klosters an die zahlreichen Besucher aus Stadt und Land. Kaufleuten aus verschiedenen Orten hielten ihre Waren feil. Gaukler und Possenreißer zeigten ihre Künste ... Erst am Fest des ersten Kirchenpatrons St. Petrus nahm das lustige Treiben sein Ende."

Das *Johanneskreuz* war das Wahrzeichen des Johannesmarktes – es steht heute stark beschädigt auf dem Gelände des *Alten Friedhofs* von Bonn an der Bornheimer Straße. Seitlich war das Kreuz mit Figuren der Heiligen Maria und des Heiligen Johannes verziert. Über das Johannes- bzw.

Johanniskreuz ist im Führer „Der alte Friedhof in Bonn: Kunst und Geschichte(n)" von Erika Zander und Jörg Bätz (Bouvier, Bonn 2001) ist zu lesen: „Das Johanniskreuz besteht aus Basalt und ruht auf einem mächtigen, viereckigen Sockel mit leicht vorkragender Profilierung. Einziger Schmuck des schlichten Kreuzes ist ein Christusmonogramm (INRI) im oberen Kreuzabschluß. Bis zum Jahre 1992 befand sich auf der Kreuzbasis ein kleiner Totenschädel, der ebenfalls aus Basalt gearbeitet war. Nachdem der Schädel zu diesem Zeitpunkt entwendet und später wieder auf dem Friedhofsgelände aufgefunden wurde, ist er heute aus Sicherheitsgründen in der Kapelle untergebracht. Am Kreuz befindet sich nun eine Replik des Schädels.

Die Angaben über die Errichtung des Kreuzes auf dem Alten Friedhof sind widersprüchlich: einige Autoren sind der Meinung, daß mit der Verlegung des Johannismarktes um 1800 auch das Kreuz versetzt worden sei und seinen endgültigen Standort auf dem Alten Friedhof gefunden habe. Doch gegen die Annahme einer Versetzung des Kreuzes vor der Mitte des 19. Jahrhunderts sprechen wesentliche Aspekte. Der wichtigste Grund ist, daß das Gelände der heutigen Abteilung IIIb erst 1841 erworben und über zwanzig Jahre später erstmals für Bestattungen genutzt wurde. Es ist eher unwahrscheinlich, daß das Kreuz vierzig Jahre lang außerhalb der Friedhofsgrenzen plaziert gewesen sein soll."

Im Jahr 1934 erschien eine Broschüre mit dem Titel „Die Dietkirche zu Bonn. Ein Gedenkblatt dargereicht vom Stiftspfarramt aus Anlaß des 50. Jahrestages der Einweihung der jetzigen Stiftskirche". Darin wird u.a. Folgendes aus der Frühzeit berichtet.

„Der P f a r r b e z i r k der alten Dietkirche erstreckte sich über das Gebiet des ehemaligen Römerlagers und mehrere etwas nördlicher gelegene Ortschaften, von denen heute nur noch Dransdorf mit der Mutterkirche verbunden ist. Neben der Bonnburg, Castra Bonnensia genannt, entstand weiter südlich um die alte Basilika (die Grabeskirche des hl. Cassius) eine neue Siedlung, V i l l a B a s i l i c a, Basilikendorf genannt. Pfarrpatron wurde der hl. Martinus, dessen Kirche an der Südseite des Cassiusmünsters stand, Taufkirche war und im Jahre 1812 abgebrochen wurde. Immer mehr drängte die Stadtentwicklung Bonns dahin, daß sich der Schwerpunkt Bonns nach Süden verschob und das Cassiusstift sein

Mittelpunkt wurde. Das Basilikendorf wurde um das Jahr 1000 schon „Verona" genannt. Dieser Name, der nach der alten Römerstadt in der Nähe des Gardasees in Oberitalien gewählt ist, zeigt deutlich das mächtige Aufblühen des Cassiusstiftes und seines neuen Stadtbezirks. Der nördliche Bezirk um die Dietkirche verlor an Bedeutung. Vermutlich wurde das Männerkloster durch die Einfälle der Normannen im 9. Jahrhdt. zerstört und von seinen Bewohnern verlassen. Der nördlich des Römerlagers gelegene, schon 795 urkundlich erwähnte Isidorshof (später Jesuitenhof genannt), kam an das Stift St. Maria im Kapitol zu Köln, später an das Cassiusstift zu Bonn. Der Wichelshof (curtis dominicalis Wichindi, ein Herrenhof, urkundlich im Jahre 948 erwähnt) kam an die Kölner Domkirche. So wurde der alte Pfarrbezirk mehr und mehr ein Kirchdorf, D i e t k i r c h e n genannt.

Dietkirchen im Mittelalter

Dietkirchen blieb immer unabhängig vom Cassiusstift, es hatte Marktrecht, ein Johanniskreuz stand auf dem Marktplatz, an das noch heute eine dort liegende Straße erinnert. Heute steht dies Johanniskreuz, freilich ohne die Figuren, auf einem Rondell des alten Friedhofs an der Bornheimer Straße, nahe der Friedhofskapelle der Deutsch-Ordensritter aus Ramersdorf. Der Johannismarkt wurde vom 23.-29. Juni abgehalten. Das Kloster war um die Jahrhundertwende von Benediktinerinnen bewohnt, es blühte neu auf. Kaiser Heinrich II., der Heilige, schenkte am 25. Februar 1015 auf Bitten seiner hl. Gemahlin Kunigunde ‚dem Kloster zu Bonn, das dem hl. Petrus geweiht ist, wo j e t z t Nonnen Gott andächtig dienen' ein Gut in Wintere (jetzt Königswinter). Diese Urkunde, deren Siegel den thronenden Kaiser mit Szepter und Reichsapfel zeigt, wird heute im Pfarrhause der Stiftskirche aufbewahrt. In einer Urkunde aus dem Jahre 1021 schenkt derselbe Kaiser sein Kammergut zu Bibern bei Engers ‚zum Altar des hl. Petrus in T h i e t k i r i c h a (Dietkirchen), in der Vorstadt (unterhalb) Bonns gelegen, zum Nutzen der Nonnen, die dort nach der Regel des hl. Benediktus Gotte dienen'. Irmentrudis von Millendonk, eine heiligmäßige Aebtissin des Klosters, hat unter Erzbischof Reinald von Dassel die Ordensregel um 1167 vorbildlich durchgeführt und den Klosterbesitz erhalten. Als Güter, die durch Schenkungen an das

Kloster kamen, werden genannt: Höfe zu Liblar, Köttingen, Brenig, der Ophof zu Sechtem, Urfeld, Waldorf, Walberberg.

(...)

Die D i e t k i r c h e und ihr Gebiet lagen außerhalb der Mauern. Sie hatte viel durch Kriege zu leiden, die Kirche war im Jahre 1246 vor Alter z. T. schon eingestürzt. Damals ordnete der Erzbischof Konrad den N e u b a u der Kirche an, im Jahre 1291 bemühte sich besonders Erzbischof Sigfrid von Westerburg um ihre Vollendung durch Gewährung eines Ablasses für die Spender zum Bau. Im Jahre 1326 war der Kirchbau vollendet. Die Kirche, ungefähr gleichzeitig mit der Minoritenkirche erbaut, hatte gotischen Stil. Unter der Kirche war eine Krypta, wohl ein Rest des älteren Baus. Wie die Kirche in dieser Zeit ausgesehen haben mag, zeigt der Stadtplan von Merian aus dem Jahre 1646: die Kirche hatte ein hohes Mittelschiff, niedrige Seitenschiffe und einen gotischen Dachreiter. In der Front zeigen sich sechs Fenster, je drei in der Reihe. Im Jahre 1615 werden neun Altäre der Kirche erwähnt. Einzig von der alten Kirche erhalten ist der T a u f s t e i n, der das Jahresdatum 1290 trägt. Er ist spätromanischen, ins Gotische leicht übergehenden Stils. In Bruchstücken beim jetzigen Neubau gefunden, wurde er zusammengesetzt und rekonstruiert. Jetzt steht er im Pfarrgarten an der Stiftsgasse.

(...)

In der zweiten Hälfte des 15. Jahrhdts. wurde das Benediktinerinnenkloster in ein f r e i a d e l i g e s D a m e n s t i f t verwandelt. Nur für die Zugehörigkeit zum Stift war das ehelose Leben vorgeschrieben. (...) Im Stift bestanden um 1600 fünf Kanonikate und fünf Vikarien. Das Damensift Dietkirchen kam in große Not, da es außerhalb der schützenden Mauern lag, als der zum Protestantismus übergetretene Kurfürst Gebhard Truchseß von Waldburg im Jahre 1582/83 Bonn, das ihm die Tore verschloß, belagerte und eroberte. Später, als mit dem neuen katholischen Kurfürsten Ernst von Bayern wieder ruhigere Zeiten kamen, konnten die Damen zurückkehren. Kloster und Kirche wurden wieder aufgebaut. Während Bonn im dreißigjährigen Kriege durch Außenwerke und Gräben, an die heute noch die Straßen Cassius-, Florentius-, Annagraben erinnern, geschützt war, hatte das Stift Dietkirchen außerhalb dieses Mauerringes viel zu leiden, abgesehen von den Schäden an Ernteausfall und Brandschatzungen mußte das Stift 100 Goldgulden an die Schweden zahlen. Im Jahre 1665 wütete die Pest, die Stiftsdamen wohnten eine zeitlang in Sechtem auf ihrem Hof, dann wurde in den Raubkriegen des französischen Königs Ludwig XIV. das Stift im Jahre 1673 eingeäschert, im Jahre 1689 wurde Bonn bei dem Erbfolgestreit zwischen Wilhelm Egon von Fürstenberg, der von den Franzosen unterstützt wurde, du dem rechtmäßigen Kurfürsten Joseph Clemens von Bayern beschossen. Kurfürst Friedrich III. von Brandenburg kam aus Bayern zu Hilfe und trieb die Franzosen aus der Stadt. Von Bonn blieb eine Trümmerhaufen übrig. Den Damen des Stiftes Dietkirchen wurde im Jahre 1680 das Pestspital ‚zum Overstolz' und die Pauluskapelle innerhalb der Mauern angewiesen."

Eine *historische Spurensuche* führt uns in das Areal zwischen Graunrheindorfer und Drususstraße bzw. zwischen Rosental und Nordstraße – in den *Archäologen Park* Am Römerkastell zu Ausgrabungen der *Dietkirche* (mit den ausgegrabenen Grundmauern und einem Schaubild an einer Häuserwand dem Platz der ehemaligen Kirche gegenüber) bzw. einem Reliefplan des ehemaligen Legionslagers im *römisch-fränkischen Mittelalter*. Nicht nur die Namen der Straßen und Plätze erinnern an die Geschichte und verdeutlichen den MERIAN-Plan auch noch fast 500 Jahre später, sondern auch einige Grabungsfunde in Bonn-Castell.

Kloster und Kirche wurden 1583 im Kölnischen Krieg (Truchsessischen Krieg) niedergebrannt und danach wieder aufgebaut. Um 1646 wird die Kirche als dreischiffige Basilika ohne Querhaus beschrieben. Endgültige wurde das gesamt Stift Dietkirchen im Holländischen Krieg (Niederländisch-Französischer Krieg von 1672 bis 1678) 1673 von der Besatzung der Bonner Garnison vor der Belagerung Bonns (3. bis 12. November) zerstört. Die Kirche wurde gesprengt, um freies Schussfeld zu haben. Die französischen Angreifer unterlagen und so wurde der Versorgungsweg der Franzosen in die Niederlande abgeschnitten. Das Stift wurde danach hinter die Stadtmauern verlegt und 1729 erhielt es eine neue Kirche, die *Stiftskirche* an dem im benannten heutigen Stiftsplatz. Hier ist noch das *Taufbecken* aus der Dietkirche erhalten geblieben.

Die *Stiftskirche* hatte einen Vorgängerbau aus spätrömischer bzw. frühfränkischer Zeit – möglicherweise um die in MERIANS-Ansicht aus der Vogelperspektive dargestellte und hier im Ausschnitt gezeigte Kirche:

Sie wurde vermutlich im 6. Jahrhundert errichtet und wurde später auch als *Dietkirche* bezeichnet. 1971/72 wurden Reste ausgegraben und als archäologische Denkmal ausgewiesen. Möglicherweise handelte es sich aber auch um die *St. Paulskapelle* (s. weiter unten). Die Dietkirche verlor jedoch nach der Entstehung des *Bonner Münsters* ihre Bedeutung. An der Stelle dieser Kirche *am Stiftsplatz* befand sich ab 1015 ein Benediktinerinnenkonvent, aus dem sich im 15. Jahrhundert das *Stifts Dietkirchen* entwickelte. 1326 wurde ein Neubau geweiht, der 1730 jedoch zerstört wurde. Von 1879 bis 1886 entstand dann die heutige Pfarrkirche als Neubau. Außer des bereits genannten Taufbeckens der ehemaligen Dietkirche aus dem Jahr 1290 steht dort auch die sogenannten *Dietkirchen-Madonna* von 1320.

In „BONN-NORD. Die Wiege Bonns" (1997) berichtet Ruthild *Stein* in ihrem Beitrag „Rückblick in die Geschichte von Bonn-Nord" unter der Überschrift „Rund um die Dietkirche" auch über „eine weitere Attraktion (…) innerhalb von Bonn-Burg" – nämlich über die Wallfahrtskirche *St. Welricus* bzw. Balderich. Und sie schrieb – mit Bezug auf die heutige Adresse Württemberger Straße 16:

„Seit dem 13. Jahrhundert siedelten in einer Klause neben der Balderichkapelle Servitinnen, die sich vor allem der Marienverehrung, der Kranken- und Altenpflege aber auch der Herstellung von Paramenten (kunstvolle Stickereien auf kirchlichen Gewändern und Altardecken) widmeten. So war die Wallfahrtstätte St. Balderich Kapelle, Klausur und Krankenhaus zugleich. (…)
Die Balderichkapelle wurde im 16. und 17. Jahrhundert zerstört. (…)
Heute erinnert nur noch der Welrichsweg an die Kapelle St. Wellricus."

Weiter heisst es dann, die die letzten Reste des Legionslagers vermutlich erst 1244 mit dem Bau der Stadtmauern abgetragen wurden.

„Bis auf das Gebiet von Kloster und Dorf Dietkirchen wurde das Gebiet des heutigen Bonn-Nord nun lange Zeit hindurch nur noch landwirtschaftlich genutzt."

Im selben Band „BONN-NORD" berichtete auch Manfred van *Rey* über „Die Dietkirche im Mittelalter" und ihre Bedeutung. Aus diesem Beitrag werden im Folgenden noch einige ergänzende Sätze zitiert:

„Innerhalb und außerhalb der südlichen Mauer des Legionslagers hatte sich seit der Frankenzeit eine im 10. und 11. Jahrhundert blühende Siedlung mit dem Namen Dietkirche entwickelt, die erst 1673 mit der vollständigen Zerstörung von Kirche und Kloster verschwand. Hier stand auch der fränkische Königshof, verwaltungsmäßiger Mittelpunkt des Königsguts sowie des Bonn- und Ahrgaus seit der Merowingerzeit...."

„Mit der Dietkirche waren verbunden die bereits 795 bezeugt Kapelle des hl. Märtyrers Isidor am Fahrweg nördlich und die erst 1290 bezeugte Balderichskapelle innerhalb des ehemaligen Römerlagers. Räumlich dazwischen lag die 1131 erstmals bezeugte, innerhalb der Stadtmauern von 1244 befindliche St. Paulskapelle."

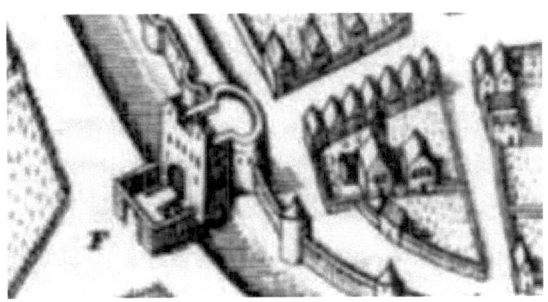

„1673, im Holländischen Krieg, fiel das ganze Stift Dietkirchen, damals der letzte Siedlungskomplex im Bereich des ehemaligen Römerlagers, dem Ausbau Bonns zur Festung zum Opfer: Um freies Schußfeld zu haben, sprengte die Garnison die Kirche. Sie, wie alle anderen Gebäude, wurde geplündert, verbrannt und niedergelegt. Das Stift wurde hinter die Stadtmauern verlegt...

10. Höfe in der Stadt Bonn

Zum Thema landwirtschaftliche Nutzung des Gebietes BONN-NORD (s. Kap. 9) sind vor allem der *Wichelshof* und der *Jesuitenhof* zu nennen.

Der *Wichelshof* zählt zu den ältesten Bonner Höfen aus fränkischer Zeit. Er befand sich direkt vor der *porta praetoria* des alten Römerlagers am Rhein. Seine Ländereien sollen etwa ein Drittel des alten Lagers umfasst haben und hier wurde in späteren Zeiten auch Wein angebaut. Im Mittelalter war der Wichelshof, wie Ruthild Stein berichtete, auch Station eines Bittprozession, die vom Münster zur Dietkirche – an der Wallfahrtskapelle St. Balderich vorbei führte.

Der Gutshof *St. Isidor* (*Jesuitenhof*) befand sich an der nordöstlichen Ecke des Römerlagers. Die Kirche St. Isidor auf dem Gutsgelände, 795 urkundlich erwähnt, stammte wahrscheinlich aus frühfränkischer Zeit. Ab 1131 gehörten Hof und Kirche des Cassius-Stift. Im Mittelalter wurde hier ein Augustinerinnen-Kloster errichtet, ab 1313 beurkundet, das jedoch 1583 im Truchsessischen Krieg abbrannte. 1718 ging der Gusthof St. Isidor in den Besitz des Jesuitenkollegs in Bonn über. (R. Stein)

Im Plan der Stadt Bonn um 1642 von MERIAN sind mehrere Hofanlagen zu erkennen, von denen einige näher vorgestellt werden sollen:

Kartäuserhof (Kölner Kartause – am Belderberg), Kölner Klarenhof, Neußer Klarenhof, Hof der Kartause bei Trier, Predigerhof der Kölner Dominikaner, Heisterbacherhof, Deutschherrenhof, Blankartzhof, Schallerhof, Gudenauerhof, Himmeroderhof, Maarhof.

Unter der Überschrift „Die Siedlungselemente in der Karolingerzeit" ist bei *J. Niessen* zu lesen: „D i e   H o f e s v e r f a s s u n g   ist (…) vor der Entwicklung städtischen Lebens f ü r   d i e   B e z i r k s b i l d u n g   i m   B o n n e r   B e r e i c h   v o n   B e d e u t u n g."

Als Beispiele werden im Folgenden die *Höfe* entlang der Befestigungsanlagen zum Rhein näher vorgestellt. Es sind von rechts nach links das zweigiebelige Haus *Zum Sack,* der *Kölner Klarenhof,* daran anschließend im Geviert der *Hof der Kartause bei Trier* und der *Predigerhof der Kölner Dominikaner* sowie zum Neuen Turm hin gelegen die große Anlage des *Heisterbacherhofes.*

Im Mittelalter bis in die frühe Neuzeit wurden *Wirtschaftshöfe* eines Klosters oder Domkapitels, die sich in einer größeren Ansiedlung befanden, als *Stadthöfe* oder auch *Pfleghöfe* bezeichnet. Sie umfassten Gebäude und auch kleine landwirtschaftlich – u.a. zum Weinbau – genutzte Flächen und nahmen spezielle Aufgaben war. Als Stützpunkte – in Bonn u.a. der Kölner Dominikaner, des Klosters Heisterbach sowie eines Trierer Klosters (St. Alban) – wickelten sie Rechts- und sonstige Geschäfte mit der Stadt und deren Bewohnern ab, handelten mit Produkten des Klosters und konnten als Zehnthöfe auch Abgaben einsammeln. Weiterhin nahmen sie repräsentative Aufgaben war und gelegentlich waren in ihre Höfe auch Kapellen, Spitäler oder auch Gasthöfe einbezogen.

Von Edith *Ennen* wurden im MERIAN-Plan weitere Stadthöfe identifiziert:

Neußer Klarenhof, Kloster Engeltal, Deutschherrenhof, Blankartzhof, Schallerhof, Gudenauerhof, Himmerroder Hof und *Maarhof.*

Über das Haus *Zum Sack* (s.o.) schrieb sie u.a., dass es – mit einem Grundstück bis zum Rhein – den „ältesten Bestandteil des späteren Clemens-, dann Belderbuscher- schließlich Boeselagerhofes" gebildet habe.

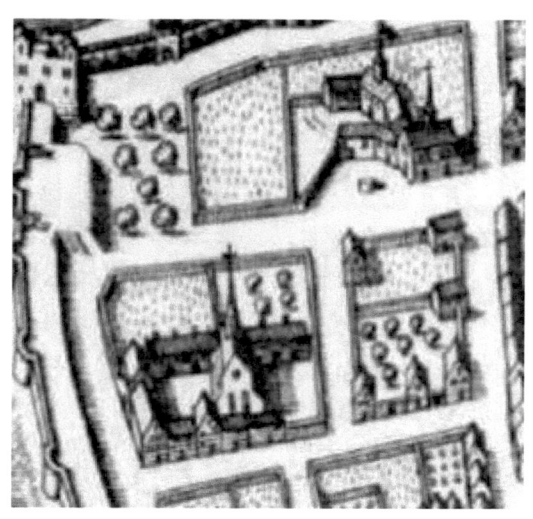

In diesem Ausschnitt ist oben noch einmal der *Heisterbacherhof* zu sehen. Die Straße ganz untern war *Engeltalstraße* (heute mit gleichem Namen, Verbindung zwischen Theaterstraße und Hatschiergasse) eingezeichnet, an welche das relativ große *Kloster Engeltal* grenzte. Die Gasse rechts von dieser Anlage war die *Schwabengasse* (heute Neustraße bis Windmühlenstraße), an welcher der *Neußer Klarenhof* (oben) und der *Deutschherrenhof* sich befanden.

Das Mutterkloster Engelthal ist heute eine Benediktinerinnen-Abtei des Bistums Mainz in der Wetterau, im 13. Jahrhundert als Zisterzienserinnenkloster erbaut, Anfang des 17. Jahrhunderts zerstört und wiederaufgebaut und 1803 säkularisiert. 1962 bezogen Benediktinerinnen das Kloster, das 1965 zur Abtei erhoben wurde.

Der *Deutschherrenorden* hatte seinen Ursprung in einem Feldhospital bremischer und lübischer Kaufleute während des Dritten Kreuzzuges um 1190 im Heiligen Land bei der Belagerung der Stadt Akkon. Diese Spitalgemeinschaft wurde um 1198 zum geistlichen Ritterorden erhoben, der zahlreiche Niederlassungen hatte – im Heiligen Römischen Reich mit erheblichem Grundbesitz vor allem in Süddeutschland, Österreich und in der Schweiz sowie auch am Rhein.

1611 bildeten die aus dem niederländischen Haarlem stammenden *Klarissen* auch in Köln ein neues Kloster (s. *Klarenhof*).

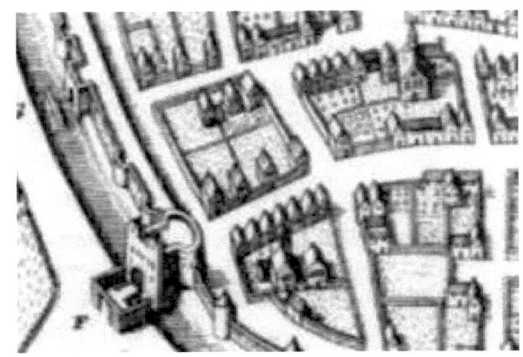

Zwei weitere Stadthöfe – von Edith *Ennen* benannt – lagen in der Nähe der Kölnischen Pforte (F), oberhalb von St. Paul: zur Stadtmauer der *Blankartzhof*, nach rechts die *Fuchsgasse* (heute Stiftsplatz) und daran anschließend *Kapuzinessen*.

Der Name *Blankertshof* ist noch heute in Ahrweiler bekannt. Das Gebäude mit diesem Namen steht in der Ahrhutstraße 24 und war ein Adelshof, der als Lehen der Reichsabtei Prüm im 14. Jahrhundert auf die Familie Blankart überging, die wichtige Ämter als Vögte von Kurköln und Räte der Erzbischöfe von Köln und Trier ausübten.

Kapuzinessen war eine Ordensgemeinschaft *barmherziger Schwestern* u.a. auf dem Kreuzberg in Köln, die im Westfälischen Klosterbuch verzeichnet sind und beispielsweise von dort 1628 auch nach Paderborn kamen. 1611 wurde in Köln das erste Kapuzinerkloster im Bereich Nordrhein gegründet.

Den *Kapuzinessen* (unten links) gegenüber an der Wenstergasse/Wenzelgasse lag der *Himmeroderhof* – der 1134/35 durch Bernard von Clairvaux gegründeten Zisterzienserabtei in der Eifel.

An der Ecke Bonngasse-Utzelsgasse lag dieser Hof – der *Gudenauerhof*, über den Edith *Ennen* Folgendes berichtet:
„1579 begann Junker Otto Walpott von Bassenheim, Herr zu Gudenau und seinen Gattin Johanna Scheifart von Merode mit ihrem planmäßigen Grunderwerb in Bonn; in dem von Bonn-, Utzel- (heute Friedrichstraße), Stump- (heute Jakobstraße) und Maargasse umschlossenen Bezirk erwerben sie Wingerten, Hofstätten und Häuser, die sie mit ihrer älteren ‚behausung' zum reichen städtischen Herrensitz ‚Gudenauer Hof' vereinen; unter diesem Namen erscheint der Adelshof seit 1625 in den Bonner Kontraktenprotokollen."

Das Geschlecht der *Wal(d)pott von Bassenheim* wird erstmals 1136 urkundlich als *de Waltemaneshusen* (nach Waldmannshausen bei Hadamar bei Limburg) erwähnt. Die Familie diese rheinischen Adelsgeschlechtes zählt zum Hochadel. Bedeutender Vertreter war Heinrich Walpot von Bassenheim, der erste Hochmeister des Deutschen Ordens von 1198 bis 1200. Die Herrschaft Bassenheim bei Koblenz fiel noch vor 1300 durch Heirat an das bis heute bestehende Geschlecht. 1554 erfolgte eine Teilung der Familie in die Linien zu Bassenheim, Bornheim und Gudenau. Burg Gudenau ist eine Wasserburg in den Nähe von Villip in der Gemeinde Wachtberg im Rhein-Sieg-Kreis, die im 13. Jahrhundert entstand.

Insgesamt stellte Edith *Ennen* in ihrem Kapitel über die *Adelshöfe* in Bonn fest: „Im 17. Jahrhundert beobachten wir als Folge der Residenz- und Hauptstadtfunktion Bonns eine starke Zunahme des herschaftlichen Besitzes. In ihrer an den Landtag gerichteten S u p p l i k v o n 1 6 4 0 klagen Bürgermeister, Schöffen und Rat der Stadt sehr darüber." U.a. seien der Gudenauer Hof und einige andere vergrößert worden

11. Hospitäler

Im Plan der Stadt Bonn um 1642 von MERIAN sind als *Hospitäler* das *Heilig-Geist-Hospital* und das *Aegidiushospital* zu erkennen:

Das *Aegidiushospital* links vom Münster (M) gelegen (mit dem Kreuz) und das *Heilig-Geist-Haus* (Eckgebäude am Bildrand links, direkt gegenüber der Kirche St. Remigius)

Klöstern und deren Stiftern war im Mittelalter die Sorge für Kranke, Schwache und Fremde auferlegt. Das St. Cassiusstift besaß jedoch im Gegensatz zu der kanonischen Vorschrift kein eigenes Hospital. Erzbischof Friedrich schenkte daher 1122 den Kanonikern ein Grundstück in der Nähe seines erzbischöfliches Hofes, um dort ein Hospital erbauen zu können. Vier Armenpfründe, die von seinen Vorgängern dem St. Cassiusstift gestiftet worden waren, sollten für den Unterhalt dieses Hospitals, das den Namen *Aegisdiushospital* hatte, verwendet werden. (J. Niessen)

Das *Heilig-Geist-Haus* oder *–Hospital* wurde von der Stadt verwaltet. Nach J. Niessen war ihm wohl eine Heilig-Geist-Bruderschaft angeschlossen. Es lag der Remigius-Kirche gegenüber an der Ecke Remigius- und Ackerstraße.

Darüber hinaus sind in der Zeit der Mittelalter noch weitere *Hospitäler* bekannt. So befanden sich unter Aufsicht des Rates zwei *Leprosenhäuser* im Norden und Süden außerhalb der Stadt. Das *Siechenhaus* „Auf der Höhe" lag weit vor dem Kölntor und stammte vermutlich aus dem 13. Jahrhundert. Ein zweites Siechenhaus ist vor dem Stockentor nachweisbar.

12. Die Brunnen der Stadt

MERIAN weist in seiner Beschreibung der Stadt Bonn (s. Kap. 1) sowohl auf die *herrlichen Brunnen* als auch auf *schöne Bäume* hin.

Josef *Dietz* informiert in seiner „Topographie der Stadt Bonn" über eine Reihe von Brunnen, die zu einem Teil auch bei MERIAN zu erkennen sind: *Marktbrunnen* (oder *Fontaine*: „Der alte Marktbrunnen lag an der Nordseite des Marktes in der Nähe der Häuser zw. Bonn- u. Wenzelgasse." Zur Herkunft des Wasser erfahren wir:
„1550 Die Leitung zw. dem Weiherborn in Duisdorf u. der Fontaine auf d. Markt wird zuerst genannt."
Als weitere Brunnen (*Pütz*) werden aus der Zeit des 17. Jahrhunderts angeführt:
Pütz auf dem Belderberg – 1616 (Ecke Neugasse-Belderberg)

Pütz in der Bonngasse (gegenüber dem Gudenauer Hof)
Brunnen am Heisterbacher Hof
Pütz auf der Remigiusstraße 1646 („Brunnen mit Aufsatz, rechts von der Kirche")
Pütz in der Rheingasse („an der Stadtmauer zw. Rhein- und Kranengasse)

Auf dem Ausschnitt des MERIAN-Stiches sind aus der Vogelperspektive mehrere *Brunnen* und auch *Bäume* gut erkennbar. Folgen wir von der St. Martinskirche M nach links, so treffen wir bereits auf einen ersten Brunnen auf dem Platz mit mehreren Bäumen. Nach oben auf dem Bild an der Häuserzeile vorbei treffen wir dann vor der Kirche St. Remigius auf einen weiteren Brunnen. Und zum Markt hin sind dann zwei weitere Brunnenanlagen zu sehen – auf dem Markt selbst könnte es sich sogar um einen Brunnentrog handeln. Auch im Innenhof der *Hoffhaltung*, des Vorläufergebäudes des heutigen Schlosses, ist eine Brunnenanlage zu erkennen.

Über den *Brunnen im Schlosshof* wissen wir, „dass dieser mit vier erzenen Löwen geschmückt sei, aus deren Maul sich ein kleiner Springbrunnen erhob." (F. Indenkirchen) Auch die Galerie des Schlosses mündete in eine Grotte mit einem Springbrunnen und Wasserspielen.

Der Bonner Kreisphysikus Dr. Anton *Velten* (1775-1842) veröffentlichte um 1825 seine „Medizinische Topographie des Kreises Bonn" und darin sind ausführliche Angaben zu den Brunnen in Bonn zu finden – einige Brunnen werden auch in der Zeit des MERIAN-Stiches schon vorhanden gewesen sein:

„Trinkwasser: Der Haupttrinkbrunnen von Bonn ist die vom Kurfürsten Max Friedrich [1708-1784, Kurfürst ab 1761] errichtete sogenannte Fontaine. Sie zieht ihr Wasser eine Stunde von hier aus dem Duisdorfer Berge. Dasselbst ist im Berge ein ausgemauertes und gewölbtes, noch mit einem Dache versehenes Becken angebracht, worin die Röhre zur Wasserleitung mündet, welche bis an die hiesige Stadtmauer aus Eisen, von da an aber bis zum Springbrunnen aus Blei besteht, und Clemens August vollendete sie.

Dieses Wasser ist rein vom Geschmack, sehr klar und bleibt es, wenn auch lange Zeit der freien Luft ausgesetzt, in verschlossenen Gefäßen trübt es sich gar nicht, wirft auch keinen Bodensatz ab, wohl aber einen geringen, wenn man es eine Zeitlang kocht und zum Teile verdampfen läßt. In warmen Zimmer(n) setzen sich kleine durch gasförmige Kohlensäure erzeugte Luftbläschen in der Peripherie des Wasserspiegels an. Salpetersaures Silber brachte eine geringe Trübung und ein geringes Präzipitat von salzsaurem Silber, kohlensaures Kali einen geringen Niederschlag von kohlensaurer Kalkerde darin hervor, woraus sich ergibt, daß dieses Wasser eine Spur von salzsaurer Kalkerde enthält.

Die übrigen Brunnen des *Marktes,* der *Sternstraße,* der *Bonn-, Brüder-, Rhein-* und *Neugasse,* der *Joseph-* und *Kommanderiestraße,* der *Sürst* und des *Münsterplatzes* haben ebenfalls ein gutes klares Wasser und geben durch Silber- und Barytauflösungen geringe Trübungen und Niederschläge, die auf unbedeutenden Gehalt an schwefelsauren und salzsauren Neutralsalzen schließen lassen. Übrigen waren die Wasser rein..."

Die Aufzählung der Standorte zeigt, dass Bonn zahlreiche Brunnen besaß, die zum Teil auch im 17. Jahrhundert schon vorhanden waren und im Grundriss des MERIAN-Stiches eingezeichnet sind.

13. Die Windmühle im MERIAN-Stich

Noch heute erinnert eine kleine Gasse *An der Windmühle* in der Nähe der Theaterstraße, abzweigend vom Schroeder-Ufer. Die in der MERIAN-Stadtansicht von 1646 abgebildete Windmühle jedoch befand sich hinter dem kurfürstlichen Zollhaus. Im Vordergrund sind am Rhein auch Schiffe zu sehen.

Edith *Ennen* nennt in ihrer „Geschichte der Stadt Bonn" im Abschnitt „Die Mühlen" zunächst die im Rhein verankerte *Bonner Schiffsmühle*. Und über die in Merians Stadtansicht abgebildete *Windmühle* berichtet sie, dass diese 1586/87 erbaut worden sei. Der kurfürstliche Zöllner Wendelin Reuss habe den Befehl erhalten, eine Windmühle „oberendig dem Zollhause an der Mauren der Stadt Bon" aufzurichten und dieser habe diesen Windmühlenbau selbstständig durchgeführt und die Kosten dafür von den Zolleinnahmen bestritten.

In der Nacht zum 10. April 1612 brannte die Windmühle ab. Sie wurde wieder aufgebaut und 1613 von der Hofkammer abgenommen. 1673 wurde sie zerstört und erst 1700 wurde eine neue Mühle nach einem Kontrakt mit dem Mühlenmeister Anton Reineri aus Münstereifel am Nordturm der Rheinfront auf einem steinernen Turm errichtet. 1760 wurde sie noch einmal erhöht und bestand dort bis in das 19. Jahrhundert. An diesen Standort erinnerte noch heute die *Windmühlenstraße*.

In einem Bericht unter dem Titel „Schiffbauer, Schiffer, Wachsbleicher und ‚Marktgrafe' rund um die Windmühle" berichtete Herbert *Wefer* (In „Die Laterne 2/2006, S.33-36) über einen Schiffbauer, die zwar im 18. Jahrhundert dort wohnte, jedoch treffen einige der Anmerkungen sicher auch auf die Zeit des MERIAN-Stiches zu – so der Hinweis, dass die *Bonner Schiffer auch Marktschiffer* geannnt wurden, „weil sie im Gegensatz zu den Kölner und Mainzer Schiffern für den Nahverkehr zuständig waren. Personen und Waren, die über Köln hinaus sollten, mussten dort in andere Schiffe." Die Schiffe wurden bergauf vom Leinpfad aus von Pferden gezogen. Weiter heißt es in dem genannten Aufsatz, dass die Schiffsleute vom Rhein aus gesehen links von der *Windmühle* oder davor gelebt hätten. Eine *Schifferzunft* bestand in Bonn seit 1646. Zu ihr wurden nur zwölf Schiffsmeister gleichzeitig zugelassen.

Im Zusammenhang mit dem *Kölnischen Krieg* (Truchsesssischer Krieg 1583-1588) berichtet J. Niessen über die Mühlen der Stadt u.a.:„…Die *Rheinmühle*, die bisher nördlich der Stadt gegenüber Dietkirchen ihren Platz hatte, wurde in die Mitte des Rheinwerfts verlegt, die *Roßmühle*, die in der Nähe der Utzelsgasse, der heutigen Friedrichstraße lag, sollte wieder instandgesetzt werden…." Von Edith *Ennen* erfahren wir, dass die Roßmühle 1629/30 in Bonn neu gebaut wurde; im 16. Jahrhundert habe schon eine Roßmühle an der Utzelsgasse bestanden. Vom 11. September 1583 stammt ein Hinweis auf die *Windmühle* – und zwar von dem Pfalzgrafen Johann Casimir (von Pfalz-Simmern, 1543-1592), der zum Entsatz der Stadt Bonn gegen die spanischen Regimenter bei Lülsdorf lagerte. Er hielt mit Datum vom 15.11.1583 fest: *„in unserem Feldlager über Bonn bei der Windmühlen"* (nach J. Niessen).
Eine weitere Mühle – als *Pisters-* oder *Steinbrücken-Mühle* bezeichnet – befand sich außerhalb der Befestigungsanlagen an der Kölnstraße und am Rheindorfer/Mondorfer Bach.

14. Die Godesburg

Der Text zum Merian-Stich lautet:

„Item, das Schloss Godesberg oder Godesburg, auf einem hohen (und steilem begrüntem?) Berg, so Anno 1583 im Cölnischen Krieg[18)] von der Bayrischen erobert worden ist. Man meint, dass vornehme (*fürnembste*) Tempel des oben genannten heidnischen Abgotts Mercurius vor Zeiten hier, nämlich eine Meile von Bonn, gegen Mittag (Süden) gestanden haben; daher noch dieser Berg den Namen gleichsam Gottesberg oder – burg habe. Da die alten Deutschen vor anderen Göttern, insbesondere den Mercurius, wie Tacitus bezeugte, verehrten und ihm auch zu gewissen Tagen Menschen geopfert haben sollen."

Die heutige Ruine der Godesburg liegt auf einer Höhe von 122 m auf einem begrünten Basaltkegel – einem in vorgeschichtlicher Zeit erloschenen Vulkan. Sie wurde vermutlich von den Franken als Fliehburg erbaut. Ein eingemauerter Altarstein bezeugt eine römische Besiedlung. Urkundlich wurde sie 722 als ubische Kultstätte mit der Bezeichnung *Woudensberg* (Wotansberg) erwähnt.

Bedeutung bekam sie, als am 15. Oktober 1210 der Kölner Erzbischof *Dietrich I.* (von Hengebach, um 1150 bis um 1224; von 1208-1212 bzw. 1215 Erzbischof des Bistums Köln) den Grundstein für einen Neubau legte. Dazu existiert ein Grundstein mit einer lateinischen Inschrift:

Anno domini MCCX	Im Jahre des Herrn 1210
Gudensberg	Godesberg
fundatum est a	begründet worden von
Teoderico episcopo	Bischof Dietrich
in die Maurorum martyrum.	am Tage der Maurischen Märtyrer.

Dazu schrieb Walter *Haentjes* u.a.:
„Wo dieser sog. Grundstein eingemauert war, läßt sich nicht mehr genau angeben. Jedenfalls darf man ihn sich nicht als ersten und damit untersten Stein der Burganlage vorstellen..." Und weitere heißt es: „Die Kenntnis der Gründungsinschrift versetzt uns in die glückliche Lage, das Alter der Godesburg bis auf den Tag genau zu bestimmen. (...) Die auf der Tafel ausgeführten maurischen Martyrer sind die in Bonn beigesetzen, als Stadtpatrone und Beipatrone des Münsters verehrten Heiligen Cassius und Flotentius, deren Festtag am 15. Oktober begangen wurde (heute am 10. Oktober). Dieses Datum ist also für die Gründung der Burg anzusetzen."

Zur Geschichte der Godesburg gehört auch die Geschichte der *Michaelskapelle*. Denn *Caesarius von Heisterbach* (um 1180 bis nach 1240) berichtete, „dass wegen der dem heiligen Erzengel Michael geweihten Kirche auf dem Godesberg bisher keiner gewagt habe, dort eine Burg zu bauen, obwohl der Berg sehr fest und zum Schutz der Provinz günstig gelegen sei." (nach W. Haentjes)

1244 wurde die Burg durch Konrad von Hochstaden erweitert, wobei der Bergfried auf fünf Geschosse ausgebaut wurde. Unter Erzbischof *Walram von Jülich* (um 1304 bis 1349, ab 1323 Erzbischof) wurde der Bergfried auf 32 Meter erhöht und die Vorburg erbaut. In den Annalen von St. Pantaleon in Köln ist zu lesen, das Konrad die Burg Gudinsburg vergrößerte und meisterhaft verstärkte und zwar mit einigen geeigneten Gebäuden und dass er dort neu eine starken und außerordentlichen Turm errichtet habe.

In der Zeit des Heinrich II. von Virneburg (1304-1322) wurde die Burg wahrscheinlich noch einmal verstärkt. Entscheidende Veränderungen und Erweiterungen stammen aber erst von Heinrichs Nachfolger Erzbischof Walram von Jülich (1332-1349). Aus der Kölner Erzbischofschronik ist bekannt, das er die Burg in offensichtlich ruhigen Zeiten verstärkt habe, jedoch wegen der vorangegangenen Kriege, die Burgen und Befestigungen der (Kölner) Kirche aufs volltrefflichste mit zahlreichen großartigen und stattlichen Maueranlagen verstärkt habe.

Als Erweiterungen der Godesburg sind die Vorburg unter Einbeziehung der Michaelskapelle und die Aufstockung des Bergfrieds anzusehen. Auch stilistisch kamen neue Elemente hinzu – so die gotischen Konsolen an den kleinen Erkern der nördlichen Außenringmauer und der Kranz der gotischen Kragsteine am oberen Rand des erhöhten Bergfrieds im Gegensatz zu den noch romanischen Formen der Kragsteine auf halber Turmhöhe.

W. Haentjes geht davon aus, „daß nunmehr die Burg ihre größte Ausdehnung wie Ausstattung erhalten" habe. Auch wenn im Laufe der Zeit an der Burg noch gebaut wurde, so habe sich der Charakter des Ganzen nicht mehr wesentlich verändert.

In der Reformationszeit kam es zu einer Zerstörung der Burg. Der Kölner Erzbischof *Gebhard I.* von Waldburg (s. Anm. 14 in Kap. 1) trat zum Calcinismus über und vermählte sich mit der Gräfin von Mansfeld und gegen den Augsburger Religionsfrieden (1555 – Reichsgesetz des Heiligen Römischen Reiches Deutscher Nation) verstoßen. Er löste den *Kölnischen* (oder Truchsessischen) *Krieg* (1583-1588) aus, einen vor allem zwischen kurkölnischen und bayerischen Truppen ausgetragenen Konflikt, der den Versuch vereitelte, das Erzbistum Köln in ein erbliches, protestantisches Herzogtum zu verwandeln.

Die Truppen des neu gewählten Kurfürsten *Ernst von Bayern* (s. Kap. 2) belagerten die Burg 1583. Am 17. Dezember 1583 gelang es einem katholischen Söldner durch den Abort in die Burg einzudringen, wonach ihm weitere Soldaten auf demselben Weg folgten. Durch die Sprengung einer Mauer wurde die Godesburg schließlich zerstört.

Frans Hogenberg – „*Inname van Godesberg 1583*" (Rotterdam, Museum Boijmans Van Beuningen)

Die Ruine schenkte 1891 Kaiser *Wilhelm II.* der Gemeinde Godesberg.
1959 erfolgte ein Umbau nach Plänen des deutschen Architekten und Bildhauers Gottfried *Böhm* (geb. 1920), der u.a. die Kölner Kapelle *Madonna in den Trümmern* erbaute. Es entstand durch eine Erweiterung ein Hotel mit Restaurant (heute nur noch Restaurant).
Im Burghof ist die Nachbildung eines römischen Votivsteines aus der Zeit um 200 n. Chr. aufgestellt – den Heilgöttern Äskulap und Hygia geweiht und 1583 auf der Godesburg gefunden.
Von 2012 bis 2014 wurde der Bergfried der Godesburg saniert.

Die historische Spurensuche kann über die Auffahrt zu Burg erfolgen. Im Gelände der *Vorburg* befand sich das Kapitelhaus und heute noch die *Michaelskapelle* mit der *Eremitage*. Wir folgen nun dem Weg durch den *Torbau* in das Innere der Burganlage. An der Burgmauer befanden sich Wirtschaftsgebäude (Mauerreste wurden bei Ausgrabungen 1959/60 festgestellt) und auch ein Brunnen. In der Mitte steht der *Bergfried*, ihm gegenüber der *Palas* (heute Restaurant); angeschlossen war die Sylvesterkapelle. Wo sich heute die Terrasse mit Blick auf Bad Godesberg befindet, stand der so genannte Kammerbau., an den sich wieder ein Wirtschaftsgebäude anschloss. Der Mauer vorgelagert ist die Anlage des *Zwingers*.

Literatur

Aders, Gerhard: Bonn als Festung. Ein Beitrag zur Topographie der Stadt und zur Geschichte ihrer Belagerungen. Veröffentlichungen des Stadtarchivs Bonn, Band 12, Ludwig Röhrscheid Verlag, Bonn 1973.
Baedeker Bonn. Stadtführer von Karl Baedeker, Karl Baedeker Verlag, Ostfildern-Kemnat und München 2002.
Böhner, Kurt: Bonn im frühen Mittelalter. In. Bonner Jahrbücher 178, 395-426, Köln, Bonn 1978.
BONN-NORD. Die Wiege Bonns mit Beiträgen Bonner Bürgerinnen und Bürger, Hrsg. Ortsausschuß Bonn-Nord, Bonn 1997.
Dietz, Josef: Merkzeichen an Straßen und Häusern, Bonn (1962).
Dietz, Josef: Topographie der Stadt Bonn, Bonner Geschichtsblätter 16/17, Bonn 1962/63.
Ennen, Edith: Geschichte der Stadt Bonn, Teil II, Ferd. Dümmlers Verlag, Bonn 1962.
Haentjes, Walter: Geschichte der Godesburg, Athenäum-Verlag, Bonn 1960.
Indenbirken, F. – s. *Satzinger*
Niesen, Josef: Geschichte der Stadt Bonn, I. Teil, Ferd. Dümmlers Verlag, Bonn 1956.
Pfeiff, Ruprecht: Bonn als Haupt- und Residenzstadt Kurkölns – 2000 Jahre Bonn Etappen der Stadtgeschichte, Rheinland-Verlag Köln 1989.
Potthoff, Tanja: Die Godesburg – Archäologie und Baugeschichte einer kurkölnischen Burg, Dissertation München, Verlag von Zabern, Darmstadt 2011.
Rey, Manfred van: Kirchen und Stadt Bonn im Mittelalter (Historische Meile. Station 2), Rheinland Verlag, Köln 1989.
Satzinger, Georg (Hrsg.): Das kurfürstliche Schloss in Bonn. Residenz der Kölner Erzbischöfe Rheinische Friedrich-Wilhelms Universität, Deutscher Kunstverlag, München-Berlin 2011 – darin: Florian *Indenbirken*: Das Schloss im 16. und 17. Jahrhundert, S. 11-18.
Schloßmacher, Norbert: Die Godesburg, Bouvier, Bonn 2011.
Wüthrich, Lucas Heinrich: Das druckgraphische Werk von Matthaeus Merian d. Ae. Band 4 Die großen Buchpublikationen II Die Topographien, Hoffmann und Campe, Hamburg 1996.